基金项目：2017年山东省教育厅人文社科项目"大学生助力农村小微企业成长的扶贫路径研究——基于合作博弈理论"（项目编号：J17RA109）

经济管理学术文库·管理类

大学生助力农村小微企业成长的扶贫路径研究

Study on the Anti-poverty path by University Students' Endeavor to the Development of Micro-enterprises in Rural Areas

卢圣旭／著

图书在版编目（CIP）数据

大学生助力农村小微企业成长的扶贫路径研究/卢圣旭．—北京：经济管理出版社，2019.4
ISBN 978 – 7 – 5096 – 6493 – 3

Ⅰ.①大… Ⅱ.①卢… Ⅲ.①农业企业—中小企业—企业发展—研究—中国 Ⅳ.①F324

中国版本图书馆 CIP 数据核字（2019）第 057686 号

组稿编辑：何　蒂
责任编辑：何　蒂　姜玉满
责任印制：黄章平
责任校对：赵天宇

出版发行：经济管理出版社
　　　　　（北京市海淀区北蜂窝 8 号中雅大厦 A 座 11 层　100038）
网　　址：www.E – mp.com.cn
电　　话：(010) 51915602
印　　刷：北京虎彩文化传播有限公司
经　　销：新华书店
开　　本：720mm×1000mm/16
印　　张：14
字　　数：191 千字
版　　次：2019 年 4 月第 1 版　2019 年 4 月第 1 次印刷
书　　号：ISBN 978 – 7 – 5096 – 6493 – 3
定　　价：45.00 元

·版权所有　翻印必究·
凡购本社图书，如有印装错误，由本社读者服务部负责调换。
联系地址：北京阜外月坛北小街 2 号
电话：(010) 68022974　邮编：100836

前　言

党的十八大以来，习近平总书记从人民利益和幸福出发，提出了"精准扶贫、精准脱贫"的战略思想。党的十九大报告把扶贫作为重要内容专门论述，提出了新时代脱贫攻坚的新思想、新要求、新策略和新方法。当前，我国减贫脱贫已经进入"最艰难阶段"，减贫成本更高、脱贫难度更大，要想实现"脱真贫、真脱贫"的目标任务，需要不同于以往的智慧和力度。

农村地区的小型非农经济即小微企业，具有数量众多、吸纳就业人口多、对当地经济增长具有助推作用等特点，因而被誉为是极佳的扶贫模式。本书的研究从当前的两个问题出发：一是大学生创业就业中存在的就业难创业项目不切实际等问题，二是农村小微企业管理绩效低经营决策效能差等问题。本书的研究试图寻找到大学生就业创业与农村小微企业成长的衔接路径并找到大学生助力农村小微企业发展的有效范式，以实现以下双赢目的：

一是通过大学生社会实践、大学生志愿服务等活动，丰富大学生就业创业实践，尤其使不同专业的大学生在帮扶农村小微企业成长的过程中得到实践锻炼的平台以促进大学生学以致用。

二是农村小微企业通过引入大学生的智力支持和辅助决策，能够在相应指导下提高管理绩效，不断生存发展壮大并吸纳农村就业，有利于改变扶贫中的被动输血方式，更加彻底地扶贫。

　　本书的写作主要源于山东省教育厅人文社科课题《大学生助力农村小微企业成长的扶贫路径研究——基于合作博弈理论》（项目编号：J17RA109），在写作过程中得到了山东省教育厅高校人文社科项目的部分资助，得到了学校和学院领导同事的热忱鼓励和指导帮助，劳动关系学院张会荣博士对本书的文献综述做了指导工作，本书的写作还参考了目前许多优秀的研究成果和研究报告，在这里一并表示感谢。由于笔者水平有限，书中的疏漏之处在所难免，希望广大专家学者和读者朋友批评指正。

卢圣旭
2019 年 2 月

目 录

第一章 扶贫概述 1

第一节 国内外扶贫模式 1
一、扶贫模式 1
二、国外扶贫模式 2
三、国内扶贫模式 4
四、学者关于国外扶贫模式的研究 9
五、学者关于国内扶贫模式的研究 13
六、扶贫标准与贫困人口 32

第二节 扶贫政策研究 34
一、国家扶贫政策研究 34
二、山东省扶贫政策研究 39

第三节 扶贫实践研究 42
一、学者关于政府扶贫实践的研究 42
二、企业扶贫实践案例 48
三、其他扶贫实践 56

第二章　农村小微企业 ······ 60

第一节　小微企业的界定 ······ 60
一、国际小微企业划分标准 ······ 60
二、我国小微企业划分标准 ······ 62

第二节　小微企业发展现状 ······ 66
一、小微企业的数量 ······ 66
二、小微企业的重要性及生存状态 ······ 67
三、国家优惠政策 ······ 69

第三节　农村小微企业及现状 ······ 74
一、农村小微企业特征研究 ······ 74
二、农村小微企业存在问题研究 ······ 75

第三章　大学生就业创业 ······ 78

第一节　大学生就业 ······ 78
一、学者研究 ······ 78
二、报告研究 ······ 82

第二节　大学生创业 ······ 86
一、学者研究 ······ 86
二、报告研究 ······ 94

第三节　大学生就业创业瓶颈因素分析 ······ 101
一、学者研究 ······ 101
二、报告研究 ······ 104
三、小结 ······ 106

第四章　大学生助力农村小微企业成长的扶贫路径 108

第一节　大学生社会实践 108
一、大学生社会实践现状 108
二、大学生社会实践意愿及影响因素 109
三、大学生社会实践与扶贫 123

第二节　大学生就业创业与扶贫 126

第三节　大学生助力扶贫的路径 130
一、电商扶贫 130
二、旅游扶贫 134
三、教育扶贫 138
四、科技扶贫 145
五、法律扶贫 147
六、文艺扶贫 148
七、管理咨询 149

第四节　大学生扶贫的保障机制 151
一、合作博弈 151
二、保障机制 152

第五章　结论与研究展望 154

第一节　研究结论 154
第二节　研究展望 155

参考文献 157

参考网址 203

附录 1　笔者参与扶贫实践部分成果 …………………………………… 205

附录 2　大学生社会实践意愿及影响因素调查问卷 …………………… 209

第一章 扶贫概述

第一节 国内外扶贫模式

一、扶贫模式

"扶贫模式"在国内最早由中国（海南）改革发展研究院"反贫困研究"课题组在1988年提出，该课题组认为，国家的各项扶贫措施，需要通过一定的形式和机制才能作用于贫困地区和贫困人口，不妨把这种组织形式和传导机制称为反贫困操作模式。该课题组通过对我国扶贫开发情况进行抽样调查并提出了具有代表性的几种模式：山区综合开发模式、温饱工程模式、人力资源开发模式、"巾帼扶贫"模式、小额信贷模式、以工代赈模式和项目带动农户发展模式[①]。

中国农村扶贫模式是在中国农村多年扶贫历程的基础上提出来的，"从实践

---

① 杨林华. 农村扶贫模式创新研究［D］. 武汉：华中师范大学，2014.

角度来看,既然可以称之为模式,必然是比较规范的行为集合"①。因此,研究扶贫模式,是有利于规范和推动我国新阶段扶贫工作的。

二、国外扶贫模式

国际上很多国家包括发达国家都有过反贫困的历史。根据我国学者王卓的研究,国际上较为成熟的扶贫模式分为三类②:即以巴西、墨西哥扶贫模式为代表的"发展极"模式;以印度、斯里兰卡扶贫模式为代表的"满足基本需求"模式;以欧美国家为代表的"社会保障方案"模式。

1. "发展极"模式

发展极(Development Pole)理论,也称为增长极理论,是法国经济学家F·佩鲁(Francois Perroux)1955年在《略论发展极的概念》中提出的。该理论认为:一个国家要实现平衡发展只是一种理想,在现实中是不可能的,经济增长通常是从一个或数个"增长中心"逐渐向其他部门或地区传导。佩鲁认为经济发展的主要动力是技术进步与创新。创新集中于那些规模较大、增长速度较快、与其他部门的相互关联效应较强的产业中,具有这些特征的产业佩鲁称之为推进型产业。推进型产业与被推进型产业通过经济联系建立起非竞争性联合体,通过后向、前向连锁效应带动区域的发展,最终实现区域发展的均衡。因此,应选择特定的地理空间作为增长极,以带动经济发展。所谓发展极就是基于不发达地区资源贫乏状况和非均衡经济发展规律,由主导部门和有创新能力的企业在某些地区或大城市聚集发展而形成的经济活动中心,这些中心具有生产、贸易、金融、信息、服务、决策等多种中心功能,好似一个"磁场极",能够对周围产生吸引和辐射的作用,促进自身并推动其他部门和地区的经济增长。执行发展极战略的主要有巴西、墨西哥、智利、哥斯达黎加、委内瑞拉、哥伦比亚和巴基斯坦等

---

① 曹洪民.中国农村扶贫模式研究的进展与框架[J].西北人口,2002(4):2-6.
② 王卓.中国贫困人口研究[M].四川科学技术出版社,2004:69-72.

国家。

2. "满足基本需求"模式

1962年,印度政府率先提出在限定时期内使贫困人口享有一个最低生活水平以满足其最低需要的政策,这就是"满足基本需要"模式的雏形。满足基本需要战略注重对穷人,尤其是对农村贫困人口提供基本商品和服务、基本食物、水和卫生设施、健康服务、初级教育和非正规教育以及住房等。满足基本需要战略认为,消除贫困有两条道路:一是直接向穷人提供保健服务、教育、卫生和供水设施,以及适当的营养;二是加速经济增长,提高穷人的劳动生产率和收入水平。王卓(2004)将印度政府执行的"满足基本需要"战略分为两个阶段,第一个阶段是以第四个五年计划投资重点由工业转向农业,推行"绿色革命"为主要内容,通过引进、培育和推广高产农作物品种,运用一系列综合农业技术措施来提高产量,以解决粮食问题和农村贫困问题。第二个阶段是第五个五年计划提出的稳定增长,消除贫困,满足最低需要的战略口号,并实施多种计划来帮助和促进贫困地区的发展,包括初等教育、成人教育、农村医疗、农村道路、农村供水、农村电力等社会经济基础设施,还包括农村住房建设,以改善农村贫困人口的基本生活条件①。

3. "社会保障方案"模式

社会保障方案是国家通过财政手段实行的国民收入再分配方案。主要内容是政府针对贫困人口的低收入和低生活水平状况,直接对穷人提供营养、基本的卫生和教育保障及其他生活补助,以满足贫困人口的家庭需要。因为发达国家经济实力雄厚,加之贫困面小,因此社会保障方案作为一种福利制度已成为发达国家的主要反贫困措施。

通过文献的研究,国外贫困的原因与国内原因有很大的相似性,或是因为自

---

① 王卓. 中国贫困人口研究[M]. 四川科学技术出版社, 2004: 69-72.

然环境恶劣，或是因为缺乏资源，或是缺乏产业带动，或是因为基础设施薄弱，有些地区还存在上述原因叠加的现象。发达国家反贫困的措施，大多是从发展农业或工业等产业入手，辅以发展基础设施建设、增强贫困地区教育、开展政策补贴等方式，逐步将贫困人口进行缩减。由于各个国家资源禀赋、产业布局等情况不一而同，故应根据本国贫困人口的具体情况和具体致贫原因进行分类指导，做好扶贫工作。

三、国内扶贫模式

自 1978 年改革开放以来，中国在扶贫工作方面取得了举世瞩目的成就。在过去 30 多年的经济发展历程中，据《中国统计摘要 2006》显示，从 1978~1985 年，贫困人口从 2.5 亿人减少到 1.25 亿人，在这短短的时间里，中国农村贫困人口下降了一半，截至 2007 年，贫困人口减少到 1479 万人，同时贫困发生率也相应地急剧下降，从 1978 年的 30.7% 减少到 2007 年 2.0%。从 1978 年至今，中国扶贫工作取得的巨大成绩，多归功于中国政府出台大量扶贫政策，从 1978 年至 2010 年这 30 多年来，中国的反贫困发展历程和扶贫政策大致经历了四个阶段[①]。

1. 救济式扶贫（1978~1985 年）

1978 年 12 月中共十一届三中全会以后，在党中央的积极支持和大力倡导下，农户以家庭为单位向集体组织承包土地等生产资料和生产任务的农业生产责任制形式。家庭联产承包责任制逐步在全国推开，此举大大提高了农民的劳动积极性，农村经济发展迅速，人民生活水平普遍提高，基本解决了温饱问题。1979 年 9 月 28 日，《中共中央关于加快农业发展若干问题的决定》，提出"只有加快发展农业生产，逐步实现农业现代化，才能使占我国人口百分之八十的农民富裕

---

① 蒋凯峰. 我国农村贫困、收入分配和反贫困政策研究［D］. 武汉：华中科技大学. 2009.

起来"。1984年，国家开始实施以工代赈政策，政府投资建设基础设施工程，受赈济者参加工程建设获得劳务报酬，以此取代直接救济的一种扶持政策。现阶段，以工代赈是一项农村扶贫政策。国家安排以工代赈投入建设农村小型农田水利、基本农田建设、县乡村道路建设、人畜饮水工程、小流域综合治理等，贫困农民参加以工代赈工程建设，获得劳务报酬，直接增加收入，帮助贫困农民脱贫致富，为推动全国减贫进程做出了重要贡献，以工代赈政策深受贫困地区干部群众的欢迎和拥护，被誉为德政工程、民心工程。1984年9月29日，中共中央、国务院联合发布了《关于帮助贫困地区尽快改变面貌的通知》，成立了国务院贫困地区经济开发领导小组，制定惠农政策，由计划经济转变为市场经济。对一切农、林、牧、副、土特产品（包括粮食、木、竹）都不再实行统购，改为自由购销。开放竹木市场，允许自由出售。耕地承包期可以延长到30年，允许转让承包，草山草坡应分包到户，由农户长期使用，宜林近山、肥山、疏林山可划作自留山，由农户长期经营，允许继承，产品可以自主处理，远山、瘦山、荒山可以独户、联户承包经营，承包期不少于50年①。从1978年至1985年，农村人均粮食产量增长14%；农民人均纯收入增长了2.6倍；没有解决温饱的贫困人口从2.5亿人减少至1.25亿人，占农村人口的比例下降到14.8%（国务院扶贫开发领导小组办公室，2003）。

2. 开发式扶贫（1986~1993年）

全国人民代表大会六届四次会议于1986年3月通过《中华人民共和国国民经济和社会发展第七个五年计划（1986~1990年）》，该计划中指出把基本解决贫困农户的温饱问题作为中国政府的一个长期发展目标。同年，中国农业银行开始开办扶贫贴息专项贷款业务，为贫困农户脱贫致富和贫困地区的经济发展提高了资金支持。1987年，国务院又发出了《关于加强贫困地区经济开发工作的通

---

① 何承金，杨顺成，赵学董. 80年代中国的反贫困政策［J］. 四川大学学报（哲学社会科学版），1992（03）：10-16.

知》，明确地把经济开发作为一项最终解决中国贫困地区人口温饱，进而改变贫困地区落后面貌的目标和战略措施。为此，国务院成立了专门扶贫机构，安排专项资金，制定专门的优惠政策（阳小明，2006）。1990年的《关于九十年代进一步加强扶贫开发工作请示的通知》，1993年11月5日的《中共中央国务院关于当前农业和农村经济发展的若干政策措施》，要求各级政府要继续坚持扶贫开发工作，集中力量从事扶贫工作。1986年由第六届全国人民代表大会第四次会议通过的《中华人民共和国义务教育法》，1993年2月中共中央国务院发布的《中国教育改革和发展纲要》明确指出，到20世纪末基本实现"两基"目标，即基本普及九年义务教育和基本扫除青少年文盲，特别是贫困地区农村，为贫困农户增加人力资本。从1986～1993年，农村绝对贫困人口减少了4500万，年均减少640万，但进入90年代，减贫速度明显放慢，1991～1992年均只减少250万贫困人口[①]。

3. 内外兼顾扶贫（1994～2000年）

1994年4月15日，中国政府决定实施《国家八七扶贫攻坚计划》，是一个有明确目标、措施、途径和期限的全国性扶贫纲领，以加大反贫困力度，要求到2000年，基本解决当时农村8000万贫困人口的温饱问题。同年，中国农业发展银行成立，扶贫贷款业务由农行转到农发行。1995年1月14日，财政部、国务院扶贫开发领导小组关于印发《"三西"农业建设专项补助资金使用管理办法》的通知，明确职责，相互协调，强化"三西专项资金"的使用管理。1996年10月23日，国务院发布了《中共中央、国务院关于尽快解决农村贫困人口温饱问题的决定》文件。1997年8月，国务院办公厅制定了《国家扶贫资金管理办法》，切实加强对国家扶贫资金的管理。同时，中央财政对国有贫困林场安排一定专项资金，用于帮助国有林场改善生产生活设施及发展生产。1998年5月，扶

---

① 严瑞珍. 市场经济与反贫困效率[J]. 理论视野，1999（06）：21－24.

贫贷款业务再次转回农行,农行接受农发行转划的扶贫贷款。2000年起,信贷扶贫工作已经进入了一个新的阶段,主要目标是增加贫困农民收入,稳步脱贫,为实现小康创造条件。朱镕基在1999年指出,要采取"退耕还林(草)、封山绿化、以粮代赈、个体承包"的措施,大力发展植树种草。2000年3月,国家林业局、国家计委、财政部发出了《关于开展2000年长江上游、黄河上中游地区退耕还林(草)试点示范工作的通知》。1994年至2000年底,全国农村贫困人口已由1994年的7000万人减少到2000年的3290万人。贫困发生率已从1994年的7.7%下降到3.5%(国家统计局农村社会经济调查司,2008),中国的反贫困取得了举世公认的成就。

4. 多元化扶贫(2001~2010年)

进入21世纪以来,为适应减贫面临的新形势和新挑战,2001年5月,中共中央召开了第三次中央扶贫工作会议,并颁布实施了《中国农村扶贫开发纲要(2001~2010年)》,明确提出要在2001~2010年内解决剩余3000万农村贫困人口的温饱问题,并巩固现有的扶贫成果。

为了探索扶贫开发的新举措,针对生活在缺乏基本生存条件的贫困地区,2001年,国家计委印发了《关于易地扶贫搬迁试点工程的实施意见》,这个试点工程的实施范围主要是国家扶贫开发工作重点县。搬迁对象为生活在生态环境恶劣、缺乏基本生存条件地区的农村贫困人口。2002年全国开始推广农村新型合作医疗,新型农村合作医疗具有以下特点:由政府组织、引导、支持;农村居民自愿参加;农民和政府共同筹资。2003年发布了《关于实施农村医疗救助的意见》,指出农村特困户大病医疗救助计划是直接针对特困户,有助于减轻特困户的经济负担。2004年在全国范围内推开粮食补贴,粮补的作物主要为小麦、玉米和稻谷,补贴直接发给农民。2005年,中共中央实施了《扶持人口较少民族发展规划(2005~2010年)》,此举加快了人口较少民族地区的经济发展,改善了当地的生活水平,稳定了当地社会的好局面。2006年中国全面取消了农业税、牧业税和特产税，由于农业税的取消，大大提高了农民生产的积极性，对农村减贫具有积极的推动作用。2006年2月21日，中央"一号文件"《中共中央国务院关于推进社会主义新农村建设的若干意见》进一步提出具体的政策举措，要求因地制宜地实行整村推进的扶贫开发方式，改善贫困地区的生产生活条件，抓好贫困地区劳动力的转移培训，扶持龙头企业带动贫困地区调整结构，拓宽贫困农户增收渠道。为加强对贫困农户的人力资本投资，从2006年开始全部免除西部地区农村义务教育阶段学生学杂费，2007年扩大到全国，这一举措惠及全国1.5亿学生。从2007年开始，全国农村义务教育阶段贫困家庭学生都享受"两免一补"政策，降低了农村家庭经济负担。2007年7月11日《国务院关于在全国建立农村最低生活保障制度的通知》指出，"在全国建立农村最低生活保障制度"，重点保障病残、年老体弱、丧失劳动能力等生活常年困难的农村居民（孔祥智，2008）①。2001~2007年，全国农村贫困人口已由2001年的2927万人减少到2007年的1479万人。贫困发生率已从2001年的3.2%下降到1.6%（国家统计局农村社会经济调查司，2008），由此看出，中国的反贫困工作进行得非常成功②。

5. 精准化扶贫（2010至今）

2011年6月国务院印发了《中国农村扶贫开发纲要（2011~2020年）》（以下简称《扶贫开发纲要》），《扶贫开发纲要》指出，到2020年，稳定实现扶贫对象不愁吃、不愁穿，保障其义务教育、基本医疗和住房。贫困地区农民人均纯收入增长幅度高于全国平均水平，基本公共服务主要领域指标接近全国平均水平，扭转发展差距扩大趋势。长期以来，我国农村扶贫的特点主要以区域为单位，没有具体的识别到户。随着整个宏观经济环境的变化，特别是收入分配不平等程度不断扩大，以区域为单位的农村扶贫效果下降的问题越发明显。在这样的背景下，实施更有针对性的扶贫政策对贫困人口进行扶持就显得越来越重要。

---

① 孔祥智. 三农政策更需统筹公平 [J]. 北京观察，2008（06）：30-31.
② 以上资料引用自百度文库（https://wenku.baidu.com/view/dfcb93dea58da0116c1749ed.html）。

"精准扶贫"的重要思想最早是在 2013 年 11 月,习近平到湖南湘西考察时首次作出了"实事求是、因地制宜、分类指导、精准扶贫"的重要指示。2014 年 1 月,中办详细规制了精准扶贫工作模式的顶层设计,推动了"精准扶贫"思想落地。2014 年 3 月,习近平参加两会代表团审议时强调,要实施精准扶贫,瞄准扶贫对象,进行重点施策。进一步阐释了精准扶贫理念。2015 年 10 月 16 日,习近平在 2015 减贫与发展高层论坛上强调,中国扶贫攻坚工作实施精准扶贫方略。精准扶贫政策就是针对真正的贫困家庭和人口,对贫困户精准识别,进行建档立卡,找准导致贫困的关键因素,并进行有针对性的扶贫帮助,从根本上消除导致贫困的原因和障碍,并在后期进行精准考核,督促贫困地区的地方政府,确保扶贫效果。精准扶贫这一政策符合时代的发展,是建立在我国现阶段实际国情之上的。"精准扶贫"的基本方略为:六个精准和五个一批。六个精准即"扶贫对象精准、项目安排精准、资金使用精准、措施到户精准、因村派人精准、脱贫成效精准",五个一批即"发展生产脱贫一批、易地扶贫搬迁脱贫一批、生态补偿脱贫一批、发展教育脱贫一批、社会保障兜底一批"。

四、学者关于国外扶贫模式的研究

本书以"国外扶贫模式"为关键词在中国知网进行检索,得到统计数据如图 1-1 所示,现将部分研究成果概括如下:

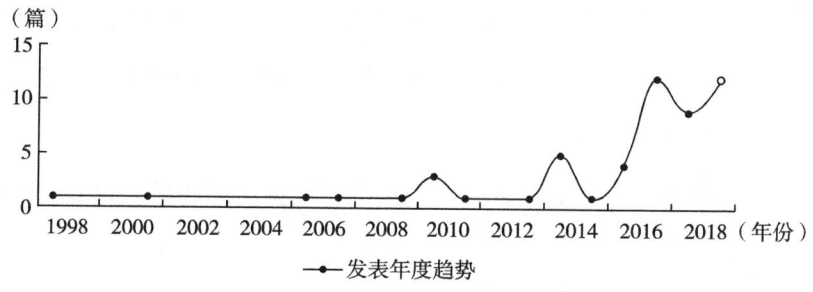

图 1-1 国外扶贫模式研究情况

资料来源:中国知网。

林乘东（1997）① 研究了发达资本主义国家的反贫困政策及其实施条件，文章认为社会福利政策已构成当今发达资本主义国家主要的反贫困政策，社会福利政策包括社会保险、福利补贴和公共教育三个方面。通过社会福利制度，可以形成一套完整而有效的社会保障机制，保证了发达资本主义社会贫困者对生存资料和部分发展资料的消费需要，通过福利制度进行国民收入再分配，提高了低收入者的实际收入，在一定程度上具有"福利国家"论者所鼓吹的"收入均等化"性质。文章认为要实施社会福利政策，需要具备五个条件：①欧美社会福利制度是建立在工人运动的基础上的；②实行福利政策，缓解大众贫困也是缓和剩余价值生产与实现的矛盾，保证垄断资产阶级利润的需要；③福利政策的实施，既是提高劳动生产率的需要，也是劳动生产率提高的结果；④在当代资本主义社会，科技生产力的发展使工人阶级结构发生了很大变化，劳动力的再生产费用大大提高，实行福利制度是提高劳动力再生产费用的需要；⑤国际经济利益格局向发达国家倾斜，使得发达国家的垄断资产阶级聚集了巨额财富，具备了实施社会福利制度的财力。

美国经济学家 P. 斯特雷坦（Paul Steretein）指出："从把经济增长作为通过就业和再分配衡量发展的主要标准到基本需求的演进，是从抽象目标到具体目标，从重视手段到重新认识结果，以及从双重否定（即减少失业）到肯定（满足基本需求）的演进"。

王卓（2004）认为社会保障方案是通过缩小各阶层之间的收入差距来实现反贫困目标的，具体做法包括：①通过累进税减少高收入者的收入；②通过转移支付提高低收入者的实际收入②。

王俊文（2008）③ 介绍了发达国家贫困特征及反贫困措施，文章认为可将其

---

① 林乘东. 反贫困模式比较研究［J］. 中央民族大学学报，1997（01）：30-36.
② 王卓. 中国贫困人口研究［M］. 成都：四川科学技术出版社，2004：69-72.
③ 王俊文. 国外反贫困经验对我国反贫困的当代启示——以西方发达国家美国为例［J］. 社会科学家，2008（03）：104-107.

反贫困对策概括为两个方面：一是针对贫困人口的反贫困对策；二是针对贫困人口相对集中的落后地区或贫困地区的反贫困对策。文章归纳了美国的反贫困政策，认为美国反贫困政策包括反贫困计划、反贫困对策以及反贫困公共政策。反贫困对策包括：①学费分期偿还制；②平等的收入政策；③负所得税方案。政府反贫困公共政策主要包括以下三个方面：①改变"天然人力资本"收入差异和种族经济差异方面的政策；②为妇女提供平等就业和收入机会及经济地位方面的政策；③为保持老年人收入水平和社会福利方面的政策。文章认为，通过这些反贫困的政策，解决了美国的财富分配不均的问题，采取综合性援助措施，为受援地区或社区创造了经济机会，缓解了贫困。

陆涌华（1996）在文章中介绍了美国政府的扶贫职责，阐述了扶贫资金的来源以及扶贫方式，文章认为，美国的扶贫模式包括直接救助、间接救助、低价出售国有土地和矿山、给贫困地区优惠政策等[1]。

吴金光（1996）在《墨西哥扶贫》一文中，介绍了墨西哥为扶贫而开展"团结互助"国家工程。"团结互助"国家工程主要包括社会福利、生产和地区发展三个方面。主要做法是提供基础设施和提供资金帮助[2]。

杨文武（1997）研究了印度贫困的基本特征，根据1970～1992年的数据，得出了印度贫困的六个特征：①90年代以前印度的贫困程度在不断地下降；②90年代以后贫困程度有所加剧；③农村贫困程度受农业丰歉和政府反贫困运作能力的制约；④城市贫困程度受城市非组织部门就业机会的制约；⑤贫困程度具有明显的地域性；⑥贫困人数的绝对量在不断增加。文章分析了导致印度贫困的四个原因：①历史上的殖民剥削和掠夺；②现存的生产水平低下；③生产资料所有制结构与收入分配不公平；④持续性的通货膨胀[3]。

---

[1] 陆涌华.谈谈美国的扶贫方式[J].湖南经济,1996(10):48-49.
[2] 吴金光.墨西哥扶贫[J].中国民族,1996(7):59.
[3] 杨文武.印度的贫困与反贫困研究[J].南亚研究季刊,1997(3):58-68.

尚玥佟（2001）对巴西贫困的原因进行了分析，认为巴西贫困的原因有以下五点：①殖民主义和帝国主义的掠夺与统治；②盲目追求经济增长的发展战略；③收入分配不公；④区域发展极不平衡；⑤教育水平低下。文章以几个实际案例介绍了巴西实施"发展极"的反贫困政策，并认为巴西实施的反贫困战略使贫困人口比重下降，贫困人口人数减少。文章介绍了巴西在反贫困方面所采取的政策措施：①农村土地改革；②北部农业发展计划和全国一体化计划；③迁都巴西利亚；④最低收入保证计划[①]。

黄爱军等（2010）介绍了美国扶贫模式的基本内容和主要特点，文章介绍了美国扶贫政策的基本内容，包括住房保障、医疗保障、失业保险和社会福利项目。文章认为美国扶贫减困政策的最大特点可以用"政府主导、社会参与、民众评判"三句话来概括。具体表现为：①弱势群体表达利益诉求的渠道比较通畅；②扶贫减困有稳定的资金来源；③贫困救助体系比较健全；④各类扶贫减困项目能够得到比较好的实施[②]。

王卓（2004）通过对巴西"发展极"战略实施绩效的分析，得出了"发展极"扶贫模式能够通过极化或扩散效应带动周围贫困地区的经济发展，并以经济增长方式促使贫困地区的贫困人口自下而上的分享经济增长的成果，能够缓解区域性的贫困状况[③]。

王俊文（2009）在《国外反贫困经验对我国当代反贫困的若干启示——以发展中国家巴西为例》中，阐述了发展中国家贫困基本特征及反贫困措施，这些措施包括实施特别计划、区域开发政策和传递系统建设。研究了巴西扶贫中"发展极"战略的实施与运行，巴西的主要做法是：建立基于"发展极战略"的反贫困战略模型，对确定的目标"发展极"给予重点投资，并制定特殊的优惠政

---

① 尚玥佟. 巴西贫困与反贫困政策研究［J］. 拉丁美洲研究, 2001（3）: 47-51.
② 黄爱军, 朱奎. 美国扶贫艰困的主要特点及启示［J］. 江西农村经济, 2010（8）: 68-70.
③ 王卓. 中国贫困人口研究［M］. 成都: 四川科学技术出版社, 2004: 69-72.

策。主要有：①建立专门开发机构指导、组织、实施落后地区开发，并形成自上而下的国家干预体系；②制定推行各种落后地区开发计划；③实行各种鼓励政策、促进"发展极"建设①。

何慧超（2008）②认为美国的反贫困政策是一种仅仅向特殊弱势群体提供特殊服务的、覆盖面较低、与工作紧密联系、促进贫困者积极寻找就业机会的模式。

王志章、何静（2015）研究了19世纪、20世纪英国以及"二战"后美国的贫困问题，认为两国的贫困是由工业化引起的两极分化所导致，而消除贫困主要靠福利补偿、合作开发、区域推动、脱贫能力开发等模式③。

张丽娜等（2016）介绍了"发展极"模式、"满足基本需求"模式和"社会保障方案"模式④。

段金萍（2018）介绍了国外的三种扶贫模式：意大利南方扶贫开发、韩国人力资本投资扶贫和美国福利政策扶贫⑤。

综上所述，我国的学者归纳了国外扶贫的成功经验，将其总结为各种模式并对其具体做法做出了归纳和介绍，国外的先进经验，对我国初期的扶贫政策产生过非常大的影响，有些地方将国外模式移植到我国的本土实践，取得了很多成绩并发现了其中的问题。笔者认为，任何模式都应植根本土，对贫困地区的贫困原因进行聚焦分析，才能更好地瞄准贫困地区的病灶，实现更好的扶贫。

五、学者关于国内扶贫模式的研究

本书以"扶贫模式"为关键词，在中国知网上对相关文献进行了检索，如

---

① 王俊文．国外反贫困经验对我国当代反贫困的若干启示——以发展中国家巴西为例［J］．农业考察，2009（3）：209-213．
② 何慧超．美国和欧洲国家反贫困政策比较及其对中国的启示［J］．中国民政，2008（09）：18-19．
③ 王志章，何静．英美两国扶贫开发模式及其启示［J］．开发研究，2015（6）：50-54．
④ 张丽娜，郝晓蔚，张广科，赵卫利．国外农村扶贫的三种主要模式［J］．党政视野，2016（7）：46．
⑤ 段金萍．国外扶贫开发模式及对中国的启示［J］．世界农业，2018（5）：125-128，181．

图1-2所示,从1990年以来,众多学者对国内的扶贫模式进行了研究,取得了丰硕的成果,特别是2015年以来,研究成果的数量呈现飞跃性的增长。本书对其中的一部分文献进行综述如下。

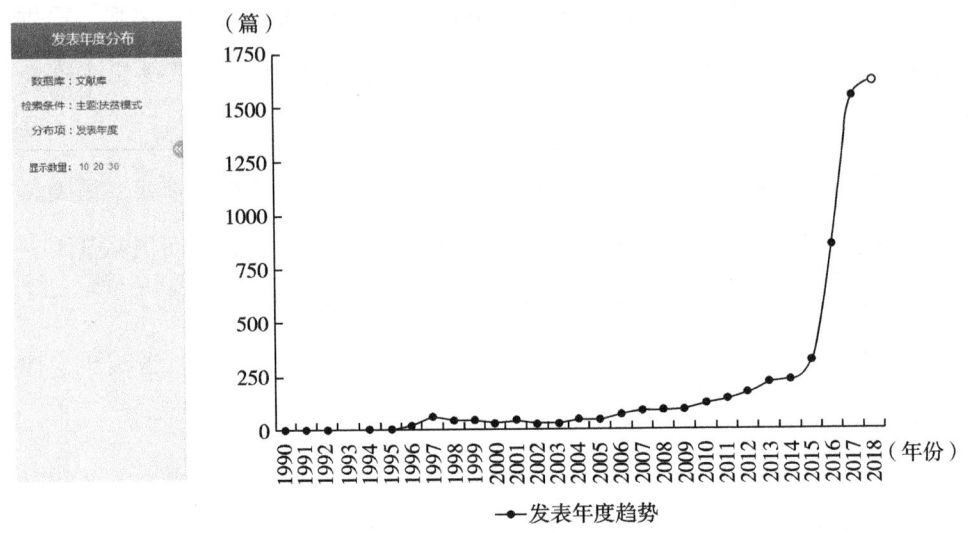

图1-2 扶贫模式国内研究分布情况

数据来源:中国知网 http://nvsm.cnki.net/kns/brief/default_result.aspx。

曾明信(1990)介绍了万源县科技扶贫的"三加一"综合输入模式,其模式是由西南农业大学与万源县人民政府合作完成,包括行政保证系统、条件保证系统、技术保证系统等三个系统和一个激励政策来实现①。

钟戡(1994)对当时四川的69个贫困县的具体情况进行了分析并归纳了这些贫困县的三个特点,提出了扶贫与计划生育相结合的经济人口协调发展模式,认为该模式具有条件型、激励型、限制型、引导型、造血型等五个类型②。

徐鲜梅(1995)对易县扶贫合作社的扶贫工作进行了分析总结,探析了孟加

---

① 曾明信. 万源县科技扶贫模式及其内含 [J]. 高等农业教育,1990 (6):49-53.
② 钟戡. 关于扶贫与计划生育相结合的经济人口协调发展模式的问题 [J]. 南京人口管理干部学院学报,1994 (1):4-6,10.

拉国 GB 模式在我国的应用①。

胡续平、邢燕芬（1995）提出在市场经济条件下，山西省适合用"产业扶贫"和"劳务扶贫"两种扶贫模式，走出扶贫困境②。

和铁梁（1995）对云南的实际情况进行了分析，指出当时云南的很多贫困地区还处于自然经济结构中，根据市场经济的特点，云南的贫困地区应采用市场导向型发展及开发模式进行扶贫开发③。

邹晓明（1996）介绍了江西抚州地区用乡土能人参与扶贫项目开发的模式④。但其研究有较多局限，并未指出怎样在贫困地区辨别"能人"，也没有指出能人参与扶贫开发项目中如何对"能人"进行管理和过程控制，并且，扶贫中利用"能人"这种以点带面的方法效果总是有限的。

黄艳林（1996）分析了 GB 模式在我国出现的问题及如何改进⑤。

马国英（1996）对科技扶贫的内涵进行了解释，并从宏观角度提出了"科技进山"等八种扶贫模式，从微观上指出了管理的重要性⑥。

黄青林等（1996）对河南省虞城县推广孟加拉 GB 模式的案例进行了分析，总结了成功的经验和做法，并对一些潜在的问题进行了分析⑦。

徐增禄（1996）总结了河北省易县扶贫到户的扶贫模式⑧。非常遗憾的是，《经济研究参考》中摘录的徐增禄的研究篇幅非常小，仅几百字，没能很好地阐释扶贫到户的模式。

---

① 徐鲜梅. GB 模式在中国第一试点的报告——易县扶贫合作社的调查与分析 [J]. 中国人力资源开发，1995（6）：34-38.
② 胡续平，邢燕芬. 论市场经济条件下的扶贫工作 [J]. 经济问题，1995（1）：18-21.
③ 和铁梁. 市场经济条件下云南扶贫开发模式探索 [J]. 经济问题探索，1995（6）：7-9.
④ 邹晓明. 浅谈能人扶贫模式 [J]. 老区建设，1996（12）：38.
⑤ 黄艳林. GB 模式在中国试验的启示 [J]. 老区建设，1996（11）：25-26.
⑥ 马国英. 科技扶贫对策思考 [J]. 山西科技，1996（5）：14-17.
⑦ 黄青林，董劲威，代薇. 尝试新的扶贫开发模式——对河南省虞城县推广"孟加拉扶贫模式"的调查 [J]. 农业发展与金融，1996（8）：27-28.
⑧ 徐增禄. 扶贫到户的新方式 [J]. 经济研究参考，1996（17）：24-25.

刘维隆（1997）重点阐述了扶贫到户形势下的扶贫社扶贫模式的特点和运作办法，并指出了其广阔的发展前景①。

龙言（1997）总结了陕西延安、广东清远、广西北海等地的扶贫经验，提出了扶贫工作走"资源资本化"的方式②。龙言的研究目光长远，一些观点对当今仍有借鉴意义。

穆文春（1997）认为小额信贷是最有效、最直接的扶贫到户新模式③。其研究看到了小额信贷的优势，但忽略了小额信贷的适用范围和固有局限。

靳剑峰（1997）分析了亚太地区的扶贫经验，通过孟加拉 GB 模式在我国推广中的经验和问题指出扶贫款到户主要有直接和间接两种形式④。

王卓（1997）分析了小额信贷扶贫的实践与经验，认为"公司＋农户"等模式结合时，市场是唯一的关键因素⑤。

李道仁（1997）介绍了"两户一体"的扶贫模式⑥。"两户一体"主要是采取政府引导、自愿结对的方式展开，政府提供政策支持，结对的两户签订合同。但李道仁的研究没有说明"两户一体"模式的具体优势，也没有说明"两户一体"模式的可推广程度。

林华、恒州（1997）介绍了南召县"三帮一带"扶贫工程，具体采取的方式是"公司＋干部＋农户"⑦。其研究相当于一个短小的经验介绍，仅两三百字，未能说清这种模式的优势和具体操作方法。

吴国栋（1997）作为当时中国农业发展银行陕西省分行副行长研究了孟加拉

---

① 刘维隆. 以扶贫社为载体 开创扶贫到户新路子 [J]. 中国农村经济, 1997 (12): 45 - 49.
② 龙言. 欠发达地区经济起飞的关键是"资源资本化"——中国农村改革试验区扶贫体制改革的实证经验 [J]. 中国税务, 1997 (12): 25 - 30.
③ 穆文春. 一种最有效、最直接的扶贫到户新模式 [J]. 民族工作, 1997 (12): 25 - 26.
④ 靳剑峰. 借鉴国外经验探索我国到户扶贫贷款管理模式 [J]. 河北金融, 1997 (11): 45 - 47.
⑤ 王卓. 小额信贷扶贫的实践和思考 [J]. 农村经济, 1997 (11): 20 - 21.
⑥ 李道仁. 会昌县实施"两户一体"扶贫新模式 [J]. 老区建设, 1997 (10): 24.
⑦ 林华, 恒州. 扶贫新模式——"三帮一带" [J]. 农村. 农业. 农民, 1997 (9): 42.

GB 模式及其在中国推行的经验，指出"中国与孟加拉的地理环境、民族风俗等不同，不可能大面积地推广 GB 模式"①，认为必须选取好 GB 模式推广的区域并不断改进这种模式。

郭勇（1997）对小额信贷扶贫的试点进行了综述，认为我国小额信贷主要是参照 GB 模式进行的，但"乡村银行扶贫模式应具有中国特色"②，还有很多问题需要进一步完善。

张志良等（1997）对扶贫性移民的安置问题进行了探讨，并构建了移民社区布局及其建设规模、乡村聚落的空间形式、移民的时序和实施步骤等安置模式③。张志良等人的研究较早且完整地提出了移民安置的扶贫模式，论证非常翔实，具有很大的现实意义和可推广性，为后人的进一步研究奠定了很好的基础。

石新科（1997）介绍了陕西省紫阳县扶贫到户的具体做法④。

张蓉蓉（1997）等云南扶贫工作规范化运作研究课题组成员对云南的扶贫模式做了梳理，介绍了六种云南的治山扶贫模式⑤。这种对山区山地治理的扶贫模式，严重依赖资金与劳务，是当时为了满足贫困地区温饱而采取的主要扶贫形式。

魏晓蓉（1998）分析了 GB 模式在甘肃扶贫中的经验和问题，指出"区域性的基础设施如交通、通信、能源和市场短缺，技术进步困难，无法应付频繁发生的市场风险和自然风险"，因此，"小额信贷扶贫方式应与其他扶贫战略相结合"⑥。

卢品慕（1998）总结了我国扶贫的实践，强调了教育扶贫模式，指出"通过教育，提高劳动者的文化知识水平及接受新生事物的自觉性和能动性，增强科技意识，增加农业开发中的科技含量，依靠科技进步提高劳动生产率"⑦。

---

① 吴国栋. 孟加拉乡村银行扶贫模式在中国的试验及其分析［J］. 中国贫困地区，1997（4）：42-44.
② 郭勇. "小额信贷扶贫"试点情况综述［J］. 四川预算与会计，1997（3）：29-31.
③ 张志良，张涛，张勃，方创林. 开发性扶贫移民安置模式［J］. 中国人口科学，1997（3）：47-52.
④ 石新科. 紫阳县探索出"扶贫到户"新模式［J］. 山区开发，1997（5）：34.
⑤ 张蓉蓉. 云南扶贫开发模式探析［J］. 经济问题探索，1997（3）：29-31.
⑥ 魏晓蓉. GB 模式与甘肃扶贫［J］. 甘肃农业，1998（S1）：67-71.
⑦ 卢品慕. 教育扶贫：扶贫攻坚的有效途径［J］. 桂海论丛，1998（5）：85-86.

陈成文（1998）认为"扶贫是一种以经济效益为前提，以社区综合发展为宗旨，以人口素质的提高为核心的社会积极变迁"，应从多个维度多个指标对扶贫活动进行评价[①]。

林乘东（1998）研究了我国扶贫战略的各个阶段，指出中华人民共和国成立后我国扶贫主要经历了三个阶段，并指出80年代后我国的扶贫模式主要有区域开发、信贷扶贫等六种模式[②]。林乘东的研究较早地提出了我国扶贫战略的渐进过程，并对各种扶贫模式进行了详细的阐述，同时从宏观角度清晰地阐述了各种扶贫模式的时代背景及其优缺点。

郝同武等（1998）介绍了GB模式在河北省易县的推广并形成了"入社自愿，五户联保"为特色的易县模式，易县模式是GB模式与易县实际情况相结合的产物，郝同武等人指出易县模式得到了GB模式创始人和上级领导的肯定，具有较强的可推广性[③]。

卢淑华（1999）对救济式扶贫、科技扶贫和"公司＋农户"扶贫这三种常见的扶贫模式进行了比较研究，认为"公司＋农户"扶贫是最有效的扶贫模式，同时指出，在"公司＋农户"扶贫模式中，政府起到最关键的作用，政府、公司、农户的平等对话能有效促进公司与农户的有效合作，有利于市场经济条件下更好地做好扶贫工作[④]。

丁玉宝、张永清（1999）以市场经济的角度重新审视扶贫工作，提出市场经济条件下需要法制经济，扶贫也将"由德政扶贫走向法制扶贫"[⑤]。

郑荣琦（1999）分析了我国扶贫工作中存在的问题，指出应从制定稳定发展农业的农业产业政策、制定突出发展工业的工业产业政策、制定区别对待的农村

[①] 陈成文.论可持续发展中的扶贫机制[J].攀登，1998（4）：49-54.
[②] 林乘东.中国扶贫战略的演变与反思[J].中央民族大学学报，1998（5）：60-70.
[③] 郝同武，袁桂启，许国永.孟加拉GB扶贫模式在易县[J].经济论坛，1998（6）：16-17.
[④] 卢淑华.科技扶贫社会支持系统的实现——比较扶贫模式的实证研究[J].北京大学学报（哲学社会科学版），1999（06）：43-51.
[⑤] 丁玉宝，张永清.对市场经济体制下扶贫机制的再思考[J].中国贫困地区，1999（9）：47-51.

金融政策、制定有效的农业科技政策、实施区域内适度规模的移民工程、制定可持续发展的乡村人口政策等方面根治乡村地域性贫困[①]。郑荣琦提出的建议非常全面且具有很强的针对性，分别从农业产业扶贫、工业产业扶贫、金融信贷扶贫、科技扶贫、移民工程、控制人口等方面进行了论述，文末也提到大力发展教育事业，但并未将教育扶贫单独论述，确实是一个遗憾。

王林昌（1999）总结了湖北省恩施土家族苗族自治州地处武陵山区的扶贫经验，总结了支柱产业联结开发等五种扶贫模式和战略扶贫等九种措施的做法[②]，王林昌的研究具有很好的借鉴意义。

邵德兴（1999）关注了经济发达地区中贫困人口的扶贫问题，认为经济发达地区中贫困人口的扶贫有行政主导型城市扶贫模式和市场导向型城市扶贫模式两种[③]。在之前学者的研究中，主要关注欠发达的西部省份的扶贫问题，邵德兴的研究对前人的研究形成了有效补充。

蔡雄、程道品（1999）以贵州省中部的安顺地区为研究对象，较早地提出了旅游扶贫的思路，并指出了旅游扶贫中景区帮扶和亦农亦旅两种模式[④]。蔡雄、程道品的研究为欠发达但旅游资源丰富的地区提供了扶贫的新思路。

张素芬等（1999）介绍了贵州省采取小额贷款扶贫的经验、存在的问题及解决建议[⑤]。

田瑞凡（2000）介绍了新晃侗族自治县实施的扶贫模式，这种模式通过"市场扶贫、异地开发"[⑥]来实现，通过建立民族扶贫示范基地来帮助贫困村实

[①] 郑荣琦. 乡村扶贫模式的反思及未来政策选择［J］. 中州学刊, 1999（5）: 19–22.
[②] 王林昌. 扶贫开发的几种有效模式和做法——湖北省恩施土家族苗族自治州扶贫攻坚情况调查［J］. 中国贫困地区, 1999（8）: 34–37.
[③] 邵德兴. 经济发达地区城市扶贫模式初探［J］. 浙江学刊, 1999（4）: 46–49.
[④] 蔡雄, 程道品. 安顺地区旅游扶贫的功能与模式［J］. 理论与当代, 1999（7）: 34–36.
[⑤] 张素芬, 夏清明, 张毅. 贵州省小额信贷扶贫存在问题及完善建议［J］. 贵州农村金融, 1999（12）: 30–34.
[⑥] 田瑞凡. 新晃侗族自治县为贫困乡村探索——扶贫新模式［J］. 民族论坛, 2000（6）: 20.

现对外联系，帮助农民脱贫致富。

赵昌文、郭晓鸣（2000）比较了80年代中期开始的各种扶贫模式，认为有效的扶贫模式既能充分调动包括农户在内的各方面的积极性，又要具有较强指导意义和可操作性。因此，赵昌文、郭晓鸣认为政府支持背景下的农户参与式扶贫模式是贫困地区扶贫活动的理想选择[①]。

邓绍平、邹莹（2000）总结了GB扶贫模式江西省山江湖工程星子县的应用经验，提出了扶贫资金规模在858万~936万元之间[②]为宜，认为GB模式适合在江西省大面积推广。

眭党臣（2000）论述了科技扶贫既能小投入大产出，又能实现贫困地区可持续的稳定发展，强调通过大力发展教育、加强科技创新、增强基础设施建设[③]来实现贫困地区脱贫，是一种非常理想的扶贫方式。

徐鲜梅（2001）梳理了1979~2000年的信贷扶贫政策，分阶段地探析了各个阶段信贷扶贫的主要特点及做法，对信贷扶贫中暴露出的问题做了非常深刻的剖析，指出了我国信贷扶贫存在的缺陷，进一步探讨了穷人在信贷中存在的信任问题及穷人贷款的利息问题，呼吁建立健全适合穷人的特殊信贷制度[④]。与以往研究不同的是，徐鲜梅的研究非常全面地分析了我国信贷扶贫的过程、做法及问题，对问题的深刻剖析也非常有利于问题的进一步解决。

熊绍员（2001）介绍了赣西边境永新县"沼气扶贫，生态富民"民心工程的经验，阐述了"1234567"生态庭园经济模式的概念、意义及效益[⑤]。

王红岗（2001）介绍了贵州民族地区的实际情况，提出了"政府+第三部

---

① 赵昌文，郭晓鸣.贫困地区扶贫模式：比较与选择[J].中国农村观察，2000（6）：65-71，79.
② 邓绍平，邹莹.GB模式在扶贫中的作用[J].老区建设，2000（11）：35-36.
③ 眭党臣.论科技扶贫[J].西安石油学院学报（社会科学版），2000（4）：44-48.
④ 徐鲜梅.中国信贷扶贫政策及其实践评述[C].中国扶贫基金会.中国扶贫论文精粹.北京：中国扶贫基金会，2001：16.
⑤ 熊绍员.沼气扶贫 生态富民——以生态庭园经济模式为突破口加快老区脱贫步伐[J].农业环境与发展，2001（3）：12-14.

门+农户"的扶贫模式①。

谢洪军(2001)在其硕士论文中以武隆县小额信贷扶贫项目为研究对象,以实证研究的方式对武隆县小额信贷扶贫项目在实践中存在的问题及原因进行了剖析②。谢洪军的研究较早地引入了评价体系的方法对项目进行评价,评价客观且全面。

奂平清、王等等(2001)论述了教育扶贫在农村贫困地区的重要性,指出"精神贫困是物质贫困的结果,也是物质贫困的原因"③,提高农村贫困地区居民的综合素质是长期有效的扶贫办法。

谢丽霜(2002)研究了西部地区小额贷款扶贫的情况,指出"经济运行的日益市场化以及西部地区独有的区情、民情,使小额信贷扶贫模式在西部地区的推广不可避免地遇到了诸多的矛盾和障碍"④,谢丽霜的研究从筹资渠道的拓宽、本土化创新等方面提出了对策建议。

佘远美(2002)提出了经济网络扶贫模式的概念、内涵及实践⑤。

曹洪民(2002)认为扶贫模式是在中国农村多年扶贫历程的基础上提出来的比较规范的行为集合。主张"按照宏观发展战略—体制环境—扶贫方式—扶贫模式的逻辑主线,分析中国农村扶贫模式变迁的制度环境和依据,总结分析中国农村扶贫模式的理论意义与经验价值,在此基础上分析得出一系列政策建议"⑥。

白凤峥、李江生(2002)对旅游扶贫的管理模式做了研究,认为应"做到

---

① 王红岗. 贵州民族地区的扶贫模式与制度创新 [C]. 贵州省布依学会. 布依学研究(之七)——贵州省布依学会第三届会员代表大会暨第七次学术讨论会论文集. 贵州:贵州省布依学会,2001:7.
② 谢洪军. 小额信贷扶贫项目的理论与实践研究 [D]. 重庆:西南农业大学,2001.
③ 奂平清,王等等. 农村贫困地区教育扶贫及其对策探析 [J]. 西北成人教育学报,2001(1):47-51.
④ 谢丽霜. 论西部扶贫实践中的小额信贷 [J]. 贵州民族研究,2002(4):124-131.
⑤ 佘远美. 经济网络扶贫开发模式初探 [J]. 老区建设,2002(10):20-21.
⑥ 曹洪民. 中国农村扶贫模式研究的进展与框架 [J]. 西北人口,2002(4):2-6.

政府主导、市场化运作与扶贫开发有机结合"①，使旅游扶贫的管理能够良性运作。

李永文、陈玉英（2002）也对旅游扶贫做了研究，认为应从严格筛选旅游扶贫对象、认真做好旅游规划等六个方面做好旅游扶贫工作②。

岑燕坤（2002）研究了1979年以来贵州省存在的扶贫和中国西南世行扶贫两个项目，通过对两个项目的管理模式的有效性与科学性进行分析对比，为贵州省扶贫项目提供了借鉴和改进的方向③。

殷池应、宁廉璞（2002）总结了湘西扶贫的经验和成果，介绍了湘西的"支柱产业脱贫模式"④。

刘彦才（2002）较为详细地论述了异地搬迁扶贫模式及其操作中应注意的问题⑤。

黄特军（2002）在其硕士论文中研究了广西自愿性移民搬迁的扶贫工作实践，运用系统工程的理论和模糊数学的方法，对自愿性移民搬迁的扶贫模式进行了综合评价与研究，指出这种模式的首要因素是"必须创造一个良好的移民环境"⑥。

王红岗、左朝刚（2003）以贵州民族地区的实际情况出发，认为"政府 + 第三部门 + 农户"的扶贫模式是民族地区扶贫工作的优化选择⑦。

吴德锋等（2003）介绍了当时国定特贫县花垣县信贷扶贫的工作经验，其经

---

① 白凤峥，李江生. 旅游扶贫试验区管理模式研究 [J]. 经济问题，2002（9）：23 - 25.
② 李永文，陈玉英. 旅游扶贫及其对策研究 [J]. 北京第二外国语学院学报，2002（4）：74 - 76，89.
③ 岑燕坤. 贵州省两种扶贫项目管理模式的对比研究 [J]. 贵州民族学院学报（哲学社会科学版），2002（3）：71 - 74.
④ 殷池应，宁廉璞. 湘西的扶贫模式 [J]. 老区建设，2002（4）：40 - 41.
⑤ 刘彦才. 异地搬迁扶贫的实践与思考 [J]. 计划与市场，2002（1）：42 - 43.
⑥ 黄特军. 扶贫自愿性移民搬迁的模式研究与效果评价——以广西为例 [D]. 南宁：广西大学，2002.
⑦ 王红岗，左朝刚. 贵州扶贫工作制度创新 [J]. 贵州民族研究，2003（4）：102 - 106.

验主要有：做大做强龙头企业、采用"公司+农户"模式、实施"异地脱贫"①。

胡锡茹（2003）介绍了云南少数民族贫困地区的扶贫模式主要有：生态旅游扶贫模式、民族文化旅游扶贫模式、边境旅游扶贫模式等三种模式②。

曹洪民（2003）在其博士论文中运用发展经济学的模式理论、博弈理论等理论，对我国农村开发式扶贫模式内部四个子系统主体结构、运作机制、运作效率、相互关联性以及模式整体运行的外在影响因素和运行效率等进行分析，比较完整地提出了开发式扶贫模式各系统及模式整体建设的方向与路径，对我国的扶贫具有很强的借鉴意义③。

周瑞超（2003）在其硕士论文中运用投资项目分析等理论方法，构建了行政村综合性扶贫效果评价指标体系，对扶贫项目的验收、扶贫模式的评价与选择都具有较强的现实意义④。

孙天琦（2003）介绍了商洛小额贷款扶贫的"三线模式"⑤并提出了五点应注意的问题。

王宁（2003）分析了新疆贫困人口的识别标准、贫困类型等问题，认为"公司+农户"的扶贫模式是新疆扶贫的最佳选择⑥。

赵利梅（2004）对我国与孟加拉国的小额贷款扶贫模式进行了包括放贷制度、放贷额度、贷款利率、贷款期限等方面的比较，认为"小额信贷可持续性是指提供小额信贷服务的机构不依靠政府、国际机构和慈善组织的优惠条件而独立生存和发展的能力"⑦，小额信贷只有实现可持续发展才能实现扶贫的可持续发展。

---

① 吴德锋，钟群，石丰华. 老少边贫地区信贷扶贫新模式 [J]. 老区建设，2003（6）：48.
② 胡锡茹. 云南旅游扶贫的三种模式 [J]. 经济问题探索，2003（5）：109-111.
③ 曹洪民. 中国农村开发式扶贫模式研究 [D]. 北京：中国农业大学，2003.
④ 周瑞超. 综合性扶贫效果评价指标体系与模型研究 [D]. 南宁：广西大学，2003.
⑤ 孙天琦. 商洛模式：小额扶贫贷款的探索 [J]. 中国金融，2003（8）：20-22.
⑥ 王宁. 新疆贫困状况分析及扶贫模式的比较和选择 [J]. 新疆社会科学，2003（2）：47-53.
⑦ 赵利梅. 中国和孟加拉国小额信贷模式比较 [J]. 农村经济，2004（S1）：143-144.

郭晖等（2004）以新疆以工代赈的扶贫模式为实证研究对象进行了机理分析，认为扶贫模式作为一种外部推动力，是"实现将外生性资源转化为贫困人口和地区的自我发展能力，促使扶贫过程成为增强社会资本的过程"①。

李国平（2004）介绍了广东立体化旅游扶贫模式，并探讨了该模式的内涵特色和运行机制②。

徐家琦等（2004）总结了中荷扶贫社区林业五年的实施经验，提出了"农户林业＋科技示范机制＋农民专业协会"的可持续扶贫模式③。

王作安（2004）以西藏日喀则市为例，从经济学分析的角度对西藏地区现有扶贫开发模式进行分析，认为"现有扶贫开发模式存在规模不经济的首要原因，在于对扶贫开发项目的总体规划与设计上"④，应通过科学设计投资项目等方式进行补充完善。

朱德全（2005）以重庆市黔江石会镇中学和潼南玉溪镇中学两所农村职业中学为案例展开了研究，提出了农村中学职教渗透的"双证式"和"六连结构"的教育扶贫模式⑤。

张存平（2005）在其硕士论文中对"苦瘠甲天下"的宁夏西海固地区展开了实证研究，通过对比分析、案例分析等方法，提出"建立一种政府行为同市场行为相结合的扶贫开发新机制"⑥，很好地运用市场法则提高扶贫效率。

赵怀琼、杨敬东（2005）提出了政府驱动的旅游扶贫模式，指出应由政府主导宏观调控、人才管理等，"优先提供较多的就业机会给贫困人口，安置过剩人口"，

---

① 郭晖，刘芳，柴军，赵明亮．扶贫模式的作用机理与评析——以新疆以工代赈为例［J］．农业现代化研究，2004（6）：429-433.
② 李国平．基于政策实践的广东立体化旅游扶贫模式探析［J］．旅游学刊，2004（5）：56-60.
③ 徐家琦，TimZachernuk，赵永军．关于社区林业可持续扶贫模式的探讨［J］．中国农业大学学报（社会科学版），2004（1）：14-18.
④ 王作安．西藏地区扶贫开发模式的经济学分析——以日喀则市为例［J］．西藏研究，2004（1）：106-118.
⑤ 朱德全．"双证式"教育扶贫振兴行动研究［J］．中国教育学刊，2005（11）：22-25.
⑥ 张存平．市场经济条件下宁夏西海固地区扶贫开发问题研究［D］．北京：中国农业大学，2005.

但同时要避免"政府驱动型的旅游扶贫开发变成了政府主干、主宰和主财"①。

郭清霞、姚立新（2005）认为"生态旅游开发是旅游扶贫的最佳模式"②。

宋宝瑞等（2005）对新世纪以来承德地区采用的十种扶贫模式进行了介绍并预测了这些模式的发展趋势③。

陈勇、徐小燕（2005）介绍了BOT模式在我国西部旅游扶贫项目中的应用，并详细阐述了PPT项目的BOT融资框架④。

杨军（2006）认为"整村推进"的扶贫模式起到了很大作用，但在实践中存在"整村推进"的目标要求与资金投入保障的矛盾问题、扶贫瞄准不够精确等问题，存在发展难度大、有风险和不易"立竿见影"的主导产业培育和劳动力素质培训等项目则往往无暇顾及的问题⑤，对于这些问题要采取对策进一步完善。

鲁超（2006）以河南省台前县为研究样本探讨了当地的扶贫开发模式，提出了积极培育农村金融市场等多方面治理贫困的对策⑥。

龙茂兴（2006）较早地提出了"1+1"结对式乡村旅游扶贫开发模式，应"以居民为旅游开发主体"，开发富有特色的乡村旅游产品⑦。

王秀峰、郭继辉（2006）研究了高校科技扶贫，提出高校可以输出科技人才、传播科技知识、开展教育扶贫等方式带动落后地区的开发，王秀峰、郭继辉

---

① 赵怀琼，杨敬东. 六安市旅游扶贫的政府驱动模式［J］. 襄樊学院学报，2005（5）：73-75.
② 郭清霞，姚立新. 生态旅游开发是旅游扶贫的最佳发展模式［J］. 湖北大学学报（哲学社会科学版），2005（4）：455-457.
③ 宋宝瑞，刘玉森，王庆民，于卫东. 21世纪初承德贫困地区扶贫模式［J］. 承德石油高等专科学校学报，2005（3）：76-80.
④ 陈勇，徐小燕. BOT模式在我国西部旅游扶贫项目中的应用［J］. 商业研究，2005（7）：167-169.
⑤ 杨军. "整村推进"扶贫模式的问题与对策研究［J］. 重庆工商大学学报·西部论坛，2006（6）：15-20.
⑥ 鲁超. 我国农村扶贫开发模式研究［D］. 郑州：郑州大学，2006.
⑦ 龙茂兴. 论乡村旅游扶贫模式创新［J］. 发展，2006（9）：39-40.

的研究还提出了"公司+农户+高校+政府"四位一体①的扶贫新模式。

谢仁寿（2006）研究了人本式扶贫模式，阐述了人本式扶贫的含义和内在机制，人本式扶贫强调的是人的综合素质的提高，以"实现人力资源开发为核心内容"②。笔者认为，所谓人本式扶贫模式是对前人扶贫模式研究基础上的归纳和提炼，本质是对扶贫方式的重点转向人的本体，提高人的价值的总结和升华。

龚晓宽（2006）在博士论文中研究了我国农村扶贫模式及创新，其研究是前人关于扶贫模式研究的一个很好总结，并且在前人研究的扶贫模式上又进行了创新。龚晓宽的研究将财政扶贫、整村推进扶贫、产业化扶贫、劳动力转移扶贫、科技扶贫、文化扶贫等模式在理论上进行了完善与创新。龚晓宽的研究还进一步用定量的方法审视我国的扶贫模式的效益，并提出了绩效评估的对策③。

李栓久（2006）从高校帮助贫困生的角度探讨了高校扶贫。提出要"坚持物质资助、心理帮扶和思想政治工作紧密结合"④，做好贫困生的资助工作。

谭琳琳等（2007）对以往的农村扶贫文献进行了整理与综述，认为还需进一步探讨如何发挥非政府组织在扶贫开发中的优势和积极作用等问题⑤。

李建明（2008）在其硕士论文中归纳出了安阳市扶贫开发的"1+N"整村推进模式、培训转移模式等六种模式，提出要促进社会的广泛参与，不断开拓扶贫开发的新途径⑥。

胡新良（2008）研究了湖南少数民族县域扶贫开发模式的四种典型，认为应从建立基于要素禀赋的企业主导型开发扶贫模式、完善劳务输出模式等四个方面

---

① 王秀峰，郭继辉．高等院校科技扶贫模式探讨［J］．山地农业生物学报，2006（4）：340－344．
② 谢仁寿．论人本式扶贫模式［J］．当代经济研究，2006（5）：52－55．
③ 龚晓宽．中国农村扶贫模式创新研究［D］．成都：四川大学，2006．
④ 李栓久．"助困育人"：高校扶贫模式探索［J］．西南民族大学学报（人文社科版），2006（5）：239－241．
⑤ 谭琳琳，帅传敏，张先锋．农村扶贫开发模式的研究现状与展望［J］．郑州航空工业管理学院学报，2007（3）：110－112．
⑥ 李建明．安阳市农村扶贫开发途径与模式之研究［D］．杨凌：西北农林科技大学，2008．

做好少数民族县域扶贫开发工作①。

马贤惠、江雪（2008）总结了 1978~2006 年贵州省实行的传统救济扶贫、以工代赈、小额信贷、对口帮扶、移民搬迁等扶贫模式②。

寸家菊、徐孝勇（2008）介绍了四川省昭觉县实行的"三集中"（村寨集中、资金集中、产业集中）扶贫模式，对西部民族贫困山区扶贫与开发具有一定的借鉴意义。

郭文俊（2008）以湖南花垣县为例，提出构建农产品流通的扶贫开发模式③。

曹海芹（2009）介绍了宝鸡市的板块式扶贫开发模式④。

肖钻（2010）在武隆地区扶贫实践中总结了"武隆模式"的具体做法，又将武隆与彭水地区进行比较，总结了彭水扶贫工作滞后的主要原因，提出了对彭水地区扶贫工作的建议⑤。

高亚敏（2010）研究了贵州省晴隆县的岩溶地区扶贫连片开发的"晴隆模式"⑥。

王新哲（2011）研究了中越边境地区扶贫的历史发展阶段，认为面对该地区特殊的情况，可采用重点建设边境居民点、整户推进、边贸扶贫、城镇化扶贫的方式开展扶贫工作⑦。

---

① 胡新良．湖南少数民族县域扶贫开发模式的调查与思考［J］．老区建设，2008（12）：36-38．
② 马贤惠，江雪．贵州省扶贫开发的主要模式及其评价［J］．贵阳学院学报（社会科学版），2008（2）：13-17．
③ 郭文俊．湘西花垣县农产品流通扶贫开发模式创新研究［J］．企业家天地，2008（6）：130-131．
④ 曹海芹．板块式扶贫开发模式研究——以宝鸡市"突破西山"扶贫开发探索实践为例［J］．理论导刊，2009（8）：71-74．
⑤ 肖钻．"武隆模式"对彭水扶贫开发的启发与思考［C］．走进新农村——西南大学研究生《含弘论丛》．重庆：西南大学研究生《含弘论丛》编辑社，2010：13．
⑥ 高亚敏．南方贫困山区扶贫连片开发模式研究［D］．兰州：兰州大学，2010．
⑦ 王新哲．中越边境民族地区扶贫模式的困境与创新［J］．广西民族大学学报（哲学社会科学版），2011，33（6）：122-126．

苏积德（2011）介绍了甘肃省扶贫开发中的四个典型模式：张哈模式（政府扶贫）、麻安模式（群众参与式整村推进）、唐坪模式（政府联手 NGO 的重建发展）、东沟模式（NGO 主导的扶贫开发实践）[1]，并对这四种模式进行了比较分析。

刘明远、乔骊竹（2012）介绍了内蒙古鄂尔多斯市的"风水梁扶贫模式"，该模式是政府支持、企业参与、扶贫对象配合脱贫致富的扶贫模式，是内蒙古东达蒙古王集团参与生态建设、参与扶贫事业的典范。"它统筹企业发展、社会扶贫、生态建设、地区经济发展、农牧民脱贫致富等多重需求，以生态扩镇移民，产业拉动扶贫的方式，通过发展特色产业，形成多条环保型、循环性、节约型产业链，使扶贫对象在产业链上脱贫致富"[2]，在同类地区具有很强的借鉴和推广意义。

王亮、孙太清（2012）总结了安徽省扶贫的五个阶段，在通过对前三个阶段与第四个阶段扶贫模式的比较中，提出扶贫要防止返贫现象的发生，应通过建立安徽扶贫开发成效科学评价方法与体系等六个方面促进现阶段的扶贫工作[3]。

卓健敏（2013）在其硕士论文中研究了广东"双到"模式，所谓"双到"，即"规划到户、责任到人"。卓健敏的研究就广东"双到"模式实施三年多来出现的部分扶贫项目欠缺长效机制等问题，提出了推进贫困区的基础设施建设、调动村干部在扶贫工作中的作用等措施建议[4]。

黄安胜等（2014）在我国科技扶贫的实践中，认为以往的科技扶贫只重视经济效益和社会效益，对生态环境重视程度不够，提出了"环境友好型科技扶贫"的概念，并阐释了"环境友好型科技扶贫"的基本理论框架[5]。

向延平、陈友莲（2016）认为资产收益扶贫模式实现了我国农村"资源变

---

[1] 苏积德. 甘肃省扶贫开发模式比较研究 [J]. 甘肃科技, 2011, 27 (20): 5-7.
[2] 刘明远, 乔骊竹. "风水梁扶贫模式"的经济学分析 [J]. 经济研究参考, 2012 (64): 72-78.
[3] 王亮, 孙太清. 安徽传统扶贫模式与现代脱贫模式的比较 [J]. 安徽科技学院学报, 2012, 26 (4): 68-71.
[4] 卓健敏. 广东省"双到"扶贫开发研究 [D]. 广州: 仲恺农业工程学院, 2013.
[5] 黄安胜, 苏时鹏, 王姿燕, 许佳贤, 黄森慰. 环境友好型科技扶贫模式初探 [J]. 科技管理研究, 2014, 34 (24): 253-258.

股权、资金变股金、农民变股民"的三个转变，是我国农村精准扶贫的最优选择①。

徐文强（2016）以临朐县这一典型山区贫困县为研究对象，介绍了临朐县"互联网+"扶贫、公益扶贫等五种扶贫模式的工作经验。

赵伦等（2017）认为旅游扶贫模式经历了产业自发、项目自觉、机制自洽三种机制演化形态②。

黄小平（2018）阐述生态产业扶贫的内涵和特征，用SWOT分析方法分析了江西省生态产业扶贫，指出了江西省生态产业扶贫的路径③。

洪心婕、马改艳（2018）研究了福建省三明市的电商扶贫模式，认为"三明市农村电商扶贫工作应该从强化政府主导、打造优势产业，推动三产协调发展、加快贫困地区高级电商人才引入与本地人才队伍建设、提高农产品供应链设施建设水平等方面推进"④。

钟诚、罗小凤（2018）也研究了福建地区的电商扶贫模式，对福建省尤溪、长汀、建宁等地农村电商的模式进行调研和分析，认为政府需要全局建设，指导各地发展不同的特色⑤。

周海燕（2018）详细梳理了国内外精准扶贫的研究现状，认为国内对于精准扶贫的研究"广度有余，但深度不足"，应进一步对精准扶贫机制的产生原因作进一步探讨，并用掌握的第一手资料对精准扶贫机制的运行机理和发生机制作系

---

① 向延平，陈友莲．我国农村精准扶贫最优选择：资产收益扶贫模式［J］．内蒙古农业大学学报（社会科学版），2016，18（6）：17－20．
② 赵伦，李丹妮，苟文峰．扶贫模式变迁视域下旅游扶贫的机制演化［J］．开发研究，2017（2）：30－34．
③ 黄小平．江西省生态产业扶贫的SWOT分析及对策建议［J］．企业经济，2018，37（9）：169－175．
④ 洪心婕，马改艳．三明市农村电商扶贫的困境与破解路径［J］．台湾农业探索，2018（4）：55－60．
⑤ 钟诚，罗小凤．福建省农村电商扶贫模式的构建及对策思考［J］．台湾农业探索，2018（4）：61－65．

统探索①。

江新奎、赵玉荣（2018）研究了金融精准扶贫的现状及存在的问题，从促进多部门协同发力、化解扶贫资金风险等方面提出了金融精准扶贫对策建议②。

陈娟（2018）提出以"互联网＋精准扶贫"，通过"精准扶贫大数据管理系统"，进一步做好甘肃地区的精准扶贫工作，实现乡村振兴③。

罗瑶等（2018）对川西北高原藏区中的理县这一民族地区的精准扶贫展开了研究，提出了以"教育扶贫""旅游扶贫"和"互联网＋"等三种扶贫模式，来实现理县精准扶贫④。

本书的研究选取了1990年以来的文献进行研究，从文献本身的情况看，扶贫模式的研究呈现以下几个发展趋势：

（1）研究群体的变化。20世纪90年代初到20世纪末研究扶贫模式的多是扶贫工作人员，包括各级扶贫工作人员、政府相关部门人员，21世纪以来的研究则多出于高校。

（2）研究侧重点的变化。20世纪90年代初到20世纪末研究的扶贫模式研究侧重阐述某一省份或某一地区采取某种扶贫模式所取得的成绩和经验，21世纪以来的研究越来越侧重某种扶贫模式在实践中的不足及如何改进。这也体现了学者们对于扶贫模式由浅入深的认识变化。

（3）扶贫模式由单一到丰富。20世纪90年代初到20世纪末扶贫强调的主要是满足贫困地区人们的经济需要，用小额贷款等方式来帮助贫困地区开发资源，以输血来尝试实现造血；21世纪以来的扶贫模式逐渐开始强调可持续发展，

---

① 周海燕. 国内外精准扶贫研究：现状、特点与趋势［J］. 山东农业大学学报（社会科学版），2018，20（3）：25－34，151.
② 江新奎，赵玉荣. 金融精准扶贫研究［J］. 中国市场，2018（32）：6－7，11.
③ 陈娟. 以"互联网＋精准扶贫"为载体 落实甘肃乡村振兴战略的对策建议［J］. 社科纵横，2018，33（10）：51－53.
④ 罗瑶，祝聪，董永波，彭文甫. 川西北高原藏区精准扶贫路径选择——以理县为例［J］. 安徽农业科学，2018，46（25）：208－210，220.

方式也逐渐丰富，包括旅游扶贫、教育扶贫、科技扶贫等多措并举，尝试实现长期的持续造血。

从研究文献中就可以看出，世纪之交便是扶贫模式研究的分水岭，20世纪90年代初到20世纪末扶贫的主要目的在于解决温饱，而21世纪以来的扶贫目的在于全面建成小康社会。解决温饱的目标主要依靠收入的提高来实现，而全面实现小康社会则需要在人的全面发展上与自然更和谐地相处。全面实现小康社会对于扶贫工作的要求更高，难度也更大。相较于20世纪，21世纪以来，人民的受教育水平有很大提高，对于扶贫的认识水平也不可同日而语。在社会基础设施建设、我国科技水平等极大提高的今天，我们有信心更好地完成扶贫工作。

综上所述，扶贫是实现我国社会主义现代化强国梦的基础工作，体现着社会的公平正义和社会主义制度相较于以往社会制度的伟大优越性。通过漫长的艰苦努力和辛勤奋斗，20世纪末我国已经基本解决了贫困地区的温饱问题，现在正在为2020年要实现建成全面小康社会而努力。从本质上看，扶贫模式作为一种外部推动力，是"实现将外生性资源转化为贫困人口和地区的自我发展能力，促使扶贫过程成为增强社会资本的过程"[①]。扶贫模式因贫困而生，而每个地区虽然贫困的表现相似，贫困的原因却各有各的不同。因此，扶贫模式首先要有针对性，可以针对贫困的原因展开；又要具有现实可操作性，使得扶贫工作能有效开展；还不能急功近利只解决眼前问题，必须将发展经济与提高人口质量、生态环境、精神文明建设、区域长远可持续发展相协调。

因扶贫是长期以来社会各界关注的社会问题，研究扶贫模式的文献非常之多，限于作者本人的能力与水平，作者未能选取更多文献进行整理归纳分析，以至于不可避免地遗漏一些非常优秀的研究成果没有去分析评述，确实是本书研究的一个遗憾。

---

① 郭晖，刘芳，柴军，赵明亮. 扶贫模式的作用机理与评析——以新疆以工代赈为例 [J]. 农业现代化研究，2004（6）：429-433.

六、扶贫标准与贫困人口

我国在2008年以前有两个扶贫标准,第一个是1986年制定的206元的绝对贫困标准,该标准以每人每日2100大卡热量的最低营养需求为基准,再根据最低收入人群的消费结构来进行测定。后来此标准随物价调整,到2007年为785元。第二个是2000年制定的865元的低收入标准,到2007年底,调整为1067元。2008年,绝对贫困标准和低收入标准合一,统一使用1067元作为扶贫标准。此后,随着消费价格指数等相关因素的变化,标准进一步上调至1196元。但1196元的新扶贫标准仍被视作偏低。2011年,中央决定,将农民年人均纯收入2300元(2010年不变价)作为新的国家扶贫标准,这一标准比2009年提高了92%,更多低收入人口将纳入扶贫范围①。世界银行2015年10月初宣布,按照购买力平价计算,将国际贫困线标准从此前的每人每天生活支出1.25美元上调至1.9美元。中国国务院扶贫办副主任洪天云2015年10月12日说,世界银行制定的扶贫标准主要用于研究和国别比较,全世界大多数国家都会参考这一标准,并根据自身社会经济发展水平确定自己的标准②。

2017年2月28日,国家统计局发布的《中华人民共和国2016年国民经济和社会发展统计公报》称:"按照每人每年2300元(2010年不变价)的农村贫困标准计算,2016年我国农村贫困人口为4335万人"③。我国历年来贫困人口情况变化如图1-3所示。改革开放40年来,我国贫困人口数量从1978年末的7.7亿人,下降到2017年末的3046万人,累计减贫7.4亿人,年均减贫人口规模接近1900万,贫困发生率也从97.5%下降到3.1%,对全球减贫的贡献率超过七

---

① 引自网络:https://www.sohu.com/a/206639673_99918323。
② 引自百度百科:https://baike.baidu.com/item/%E8%B4%AB%E5%9B%B0%E7%BA%BF?fromtitle=%E8%B4%AB%E5%9B%B0%E6%A0%87%E5%87%86&fromid=8937555#4_5。
③ 引自百度:https://baike.baidu.com/item/%E8%B4%AB%E5%9B%B0%E4%BA%BA%E5%8F%A3/3293443。

成①。从各省情况看，2017年各省农村贫困发生率普遍下降至10%以下。其中，农村贫困发生率降至3%及以下的省（自治区、直辖市）有17个，包括北京、天津、河北、内蒙古、辽宁、吉林、黑龙江、上海、江苏、浙江、安徽、福建、江西、山东、湖北、广东、重庆等。党的十八大以来，全国农村贫困人口累计减少6853万人。截至2017年末，全国农村贫困人口从2012年末的9899万人减少至3046万人，累计减少6853万人；贫困发生率从2012年末的10.2%下降至3.1%，累计下降7.1个百分点。党的十八大以来贫困地区农村居民收入年均实际增长10.4%。2013~2017年，贫困地区农村居民人均可支配收入年均名义增长12.4%，扣除价格因素，年均实际增长10.4%，实际增速比全国农村平均水平高2.5个百分点。2017年贫困地区农村居民人均可支配收入是全国农村平均水平的69.8%，比2012年提高7.7个百分点，与全国农村平均水平的差距进一步缩小。

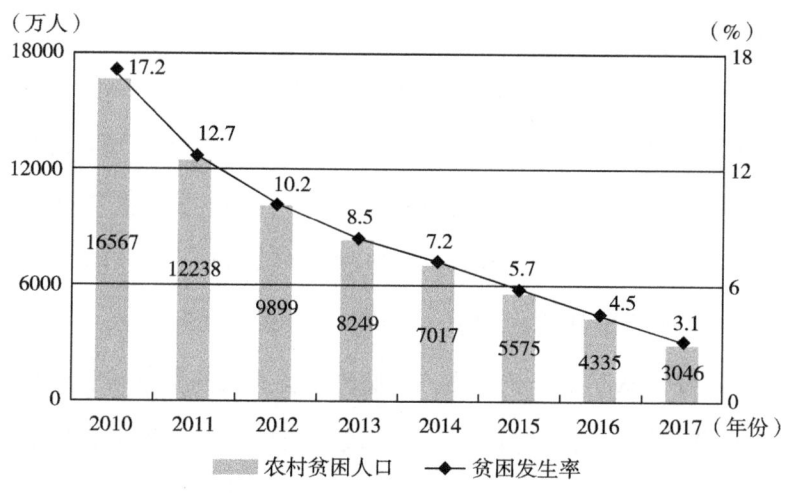

图1-3 2010年来我国贫困人口情况变化

数据来源：《中国统计年鉴2017》、2017年国民经济和社会发展公报、中国健康扶贫发展研究报告。

---

① 引自中研网：http://www.chinairn.com/hyzx/20181023/155859175.shtml。

第二节 扶贫政策研究

一、国家扶贫政策研究

吕书奇（2008）在其博士论文《中国农村扶贫政策及成效研究》中，把我国扶贫政策阶段分为救济式扶贫政策阶段（1949~1978年）、经济体制改革减贫政策阶段（1978~1985年）、大规模开发式扶贫政策阶段（1986~1993年）、扶贫攻坚政策阶段（1994~2000年）、基本消除贫困政策阶段（2001至今）①。

谢玉梅（2018）研究了改革开放后40年里我国扶贫政策的变迁，认为自1978年以来，我国的扶贫政策经历了救济型扶贫阶段（1978~1985年）、温饱型扶贫阶段（1985~2000年）、小康型扶贫阶段（2011年至今）等三个阶段②。

冉连（2018）对我国新中国成立以来的扶贫政策进行了梳理和总结，认为我国的扶贫政策经历了"救济扶贫（1949~1977年）—改革扶贫（1978~1985年）—开发扶贫（1986~1993年）—攻坚扶贫（1994~2000年）—综合扶贫（2001~2010年）—精准扶贫（2010~2017年）"的六个阶段③。

我国的扶贫政策从改革开放之后，开始改变救济式扶贫政策，运用多种政策扶贫。自80年代中期开始实施有计划、大规模的扶贫开发以来，制定了一系列的方针政策，这些政策包括：组织保障政策、目标瞄准政策、叠加投入政策、产

---

① 吕书奇.中国农村扶贫政策及成效研究［D］.北京：中国农业科学院，2008.
② 谢玉梅.改革开放四十年中国扶贫政策变迁及其实践［J］.江南大学学报（人文社会科学版），2018（6）：83-89.
③ 冉连.建国以来我国扶贫政策：回顾、反思与展望——基于1949~2017年的政策文本分析［J］.山西农业大学学报（社会科学版），2018，17（12）：60-68.

业开发政策、减轻负担政策、社会动员政策、东西互助政策、异地开发政策、国际合作政策、人力资本政策①。

本书将国家关于扶贫相关文件整理引用如下：

1984年9月29日，中共中央、国务院发出《关于帮助贫困地区尽快改变面貌的通知》，通知指出，由于自然条件、工作基础和政策落实情况的差异，农村经济还存在发展不平衡的状况，特别是还有几千万人口的地区仍未摆脱贫困，群众的温饱问题尚未完全解决，其中绝大部分是山区，有的还是少数民族聚居地区和革命老根据地，有的是边远地区。解决好这些地区的问题，有重要的经济意义和政治意义。各级党委和政府必须高度重视，采取十分积极的态度和切实可行的措施，帮助这些地区的人民首先摆脱贫困，进而改变生产条件，提高生产能力，发展商品生产，赶上全国经济发展的步伐。

1987年10月30日，国务院发出《关于加强贫困地区经济开发工作的通知》。通知指出，全国农村贫困地区的脱贫致富工作，经过一系列调整和改革，已经初步完成了从单纯救济向经济开发的根本转变，开始进入一个新的发展阶段。通知进一步强调，当前工作的关键不是再提出什么新的口号，而是以实事求是的精神和高度负责的态度，按照已经明确的方针和目标，深入调查，总结经验，研究问题，狠抓落实。在坚持改革的基础上，千方百计提高开发资金的使用效益，扎扎实实地实现"七五"期间解决贫困地区大多数群众温饱问题的目标，加快低收入人口脱贫致富的步伐；为逐步改变贫困地区经济、文化落后面貌创造条件。

1990年2月23日，国务院批转国务院贫困地区经济开发领导小组《关于九十年代进一步加强扶贫开发工作请示》的通知。通知要求：从1991年开始，全国贫困地区要在解决大多数群众温饱问题的基础上，转入以脱贫致富为主要目标的经济开发新阶段。到21世纪末，全国实现小康目标时，要求贫困地区达到：

---

① 引自百度文库：https://wenku.baidu.com/view/d24ac2d6a1c7aa00b52acb4a.html?from=search。

稳定地解决温饱问题，多数农户过上比较富裕的生活，初步改变贫穷落后面貌。与此同时，贫困地区经济发展的基础设施建设和生产、生活条件在以下方面应有明显改善：结合农业综合开发，兴修农田水利，在有条件的地方，人均建设一亩左右的基本农田；贫困县要建设起能够开发和利用当地资源、带动群众脱贫致富，形成县财政重要收入来源的支柱产业；基本解决人畜饮水问题；绝大多数的乡和大多数村通电、通路；基本控制地方病；普及初等教育，发展职业技术教育和成人教育，积极扫除青壮年文盲；把人口过快增长的速度抑制下来，停止植被破坏，控制水土流失，改善生态环境。根据分类指导的原则，不同地区可以提出不同的具体要求。请国家计委等有关部门和各省（自治区、直辖市）人民政府，把上述目标和要求列入"八五""九五"计划，并帮助贫困地区制定好切实可行的发展规划，为了实现上述目标，90 年代贫困地区经济发展的基本方针是：坚持以种、养业为基础，开发当地的优势资源，依靠科学技术，建立健全服务体系，发展区域性的支柱产业，由单纯生产原料向加工工业延伸，从自给、半自给经济逐步向商品经济过渡，把富民与富县结合起来，为彻底消除贫困创造条件、奠定基础。

1994 年 4 月 15 日，国务院印发《国家八七扶贫攻坚计划》。国务院决定：1994 年到 2000 年，集中人力、物力、财力，动员社会各界力量，力争用七年左右的时间，基本解决目前全国农村 8000 万贫困人口的温饱问题。这是一场难度很大的攻坚战。为此，国务院制定《国家八七扶贫攻坚计划》，这是之后七年全国扶贫开发的纲领，也是国民经济和社会发展计划的重要组成部分。

1996 年 10 月 23 日出台的《中共中央、国务院关于尽快解决农村贫困人口温饱问题的决定》中指出，到 21 世纪末基本解决农村贫困人口的温饱问题，是广大贫困群众的强烈愿望，是贯彻我们党全心全意为人民服务根本宗旨的具体体现，也是全面实现国民经济和社会发展第二步战略目标，维护改革、发展、稳定大局的客观要求，有着极其重要的政治、经济和社会意义。实现了这一目标，世世代代困扰中国人民的温饱问题从此就解决了。这不仅是中华民族发展史上的一个壮举,也是对全人类做出的重要贡献。因此,必须坚定不移,毫不动摇,确保如期完成。决定指出,今后五年的扶贫开发工作,要以党的基本理论、基本路线为指导,充分发扬自力更生、艰苦奋斗精神,坚持开发扶贫,实行全党动员,全社会扶贫济困,突出重点,集中力量解决农村贫困人口的温饱问题①。

2001年6月30日,中共中央、国务院印发了《中国农村扶贫开发纲要(2001~2010年)》,提出我国2001~2010年扶贫开发总的奋斗目标是:尽快解决少数贫困人口温饱问题,进一步改善贫困地区的基本生产生活条件,巩固温饱成果,提高贫困人口的生活质量和综合素质,加强贫困乡村的基础设施建设,改善生态环境,逐步改变贫困地区经济、社会、文化的落后状况,为达到小康水平创造条件②。

2011年12月中共中央、国务院印发了《中国农村扶贫开发纲要(2011~2020年)》(以下简称《扶贫开发纲要》),制定实施《扶贫开发纲要》,是深入贯彻落实科学发展观的必然要求,是坚持以人为本、执政为民的重要体现,是统筹城乡区域发展、保障和改善民生、缩小发展差距、促进全体人民共享改革发展成果的重大举措,对于巩固党的执政基础、确保国家长治久安,对于实现全面建设小康社会奋斗目标、构建社会主义和谐社会,具有重大意义。《扶贫开发纲要》指出,到2020年,稳定实现扶贫对象不愁吃、不愁穿,保障其义务教育、基本医疗和住房。贫困地区农民人均纯收入增长幅度高于全国平均水平,基本公共服务主要领域指标接近全国平均水平,扭转发展差距扩大趋势③。

---

① 以上政策引用自百度文库:https://wenku.baidu.com/view/d24ac2d6a1c7aa00b52acb4a.html?from=search。
② 引自中华人民共和国中央人民政府网站:http://www.gov.cn/zhengce/content/2016-09/23/content_5111138.htm。
③ 引自百度百科:https://baike.baidu.com/item/%E4%B8%AD%E5%9B%BD%E5%86%9C%E6%9D%91%E6%89%B6%E8%B4%AB%E5%BC%80%E5%8F%91%E7%BA%B2%E8%A6%81%EF%BC%882011-2020%E5%B9%B4%EF%BC%89/15118937?fr=aladdin。

2013年12月18日，中共中央办公厅、国务院办公厅下发了《关于创新机制扎实推进农村扶贫开发工作的意见》的通知（中办发〔2013〕25号），通知提出要改进贫困县考核机制、建立精准扶贫工作机制、健全干部驻村帮扶机制、改革财政专项扶贫资金管理机制、完善金融服务机制、创新社会参与机制。

2015年11月29日，中共中央、国务院下发了《关于打赢脱贫攻坚战的决定》，《决定》指出，"到2020年，稳定实现农村贫困人口不愁吃、不愁穿，义务教育、基本医疗和住房安全有保障。实现贫困地区农民人均可支配收入增长幅度高于全国平均水平，基本公共服务主要领域指标接近全国平均水平。确保我国现行标准下农村贫困人口实现脱贫，贫困县全部摘帽，解决区域性整体贫困"①。

2016年11月23日国务院印发《"十三五"脱贫攻坚规划》，规划按照精准扶贫精准脱贫基本方略要求，因地制宜，分类施策，从八个方面实现细化相关路径和措施：一是产业发展脱贫，主要包括农林产业扶贫、旅游扶贫、电商扶贫、科技扶贫等方面，提出了13项产业扶贫工程或具体措施；二是转移就业脱贫，主要从组织开展职业培训和促进转移就业等方面，提出了六项就业扶贫行动；三是易地搬迁脱贫，对"一方水土养不起一方人"地区建档立卡贫困人口实施易地扶贫搬迁，实现搬得出、稳得住、能脱贫；四是教育扶贫，主要从基础教育、职业教育和降低贫困家庭就学负担等方面，提出了一系列行动计划和措施，不断提升贫困人口综合素质和就业技能，逐步消除因学致贫问题，阻断贫困代际传递；五是健康扶贫，主要从医疗卫生服务、医疗保障、疾病防控和公共卫生等方面，提出了六大健康扶贫工程，加快推进基本公共卫生服务均等化，有效缓解因病致贫返贫问题；六是生态保护扶贫，主要从生态保护修复、生态保护补偿机制两个方面，提出了11项重大生态扶贫工程和四项生态保护补偿方式，使贫困群众通过参与生态保护实现脱贫；七是兜底保障，主要从社会救助、基本养老保

---

① 引自国务院扶贫开发小组办公室网站：http：//www.cpad.gov.cn/art/2015/12/7/art_46_42386.html。

障、农村"三留守"人员和残疾人等方面,提出了社会保障兜底措施,通过筑牢社会保障安全网,解决好特殊困难群体和弱势群体的脱贫问题;八是社会扶贫,主要从东西部扶贫协作、定点帮扶、企业帮扶、军队帮扶、社会组织和志愿者帮扶,以及国际交流合作等方面,提出了相关措施和要求①。

2018年6月15日,中共中央、国务院下发了《关于打赢脱贫攻坚战三年行动的指导意见》,指出,任务目标为:"到2020年,巩固脱贫成果,通过发展生产脱贫一批,易地搬迁脱贫一批,生态补偿脱贫一批,发展教育脱贫一批,社会保障兜底一批,因地制宜综合施策,确保现行标准下农村贫困人口实现脱贫,消除绝对贫困;确保贫困县全部摘帽,解决区域性整体贫困。实现贫困地区农民人均可支配收入增长幅度高于全国平均水平。实现贫困地区基本公共服务主要领域指标接近全国平均水平,主要有:贫困地区具备条件的乡镇和建制村通硬化路,贫困村全部实现通动力电,全面解决贫困人口住房和饮水安全问题,贫困村达到人居环境干净整洁的基本要求,切实解决义务教育学生因贫失学辍学问题,基本养老保险和基本医疗保险、大病保险实现贫困人口全覆盖,最低生活保障实现应保尽保。集中连片特困地区和革命老区、民族地区、边疆地区发展环境明显改善,深度贫困地区如期完成全面脱贫任务"②。

二、山东省扶贫政策研究

山东省的扶贫政策主要是在国家政策下,制定符合当地发展的扶贫细化政策和办法。本书主要将近年来的扶贫政策办法梳理如下:

《山东省农村扶贫开发规划(2001~2010年)》指出,2001~2010年山东省扶贫开发总的奋斗目标是:集中力量巩固温饱成果,提高贫困人口的生活质量和

---

① 引自百度百科:https://baike.baidu.com/item/%E6%89%B6%E8%B4%AB/1334433?fr=aladdin。
② 引自国务院扶贫开发小组领导办公室网站:http://www.cpad.gov.cn/art/2018/8/20/art_46_88282.html。

综合素质，逐步改变贫困地区社会、经济、文化的落后状况，为全面实现小康目标创造条件。具体任务分两个阶段完成：第一阶段，2001～2005年集中解决目前全省国定温饱线以下的150万特困人口的温饱问题，平均每年扶持30万人。第二阶段，2006～2010年重点扶持初步解决温饱的270万人，巩固扶贫成果，达到稳定温饱水平，平均每年扶持54万人；同时继续帮助第一阶段已解决温饱的150万贫困人口进一步改善生产生活条件，巩固扶贫成果。通过以上两个阶段目标任务的实现，使目前省定温饱线以下贫困人口的收入水平接近或达到当地中等水平。

《山东省农村残疾人扶贫开发纲要（2011～2020年）》提出的总体目标是："到2015年，农村残疾人生活总体达到小康，基本生活得到稳定的制度性保障，参与和发展状况显著改善；农村残疾人社会保障体系和服务体系基本框架建立，保障水平和服务能力明显提高。到2020年，稳定实现农村残疾人不愁吃、不愁穿，全面保障平等享受基本医疗、基本养老、教育、住房和康复服务。农村残疾人家庭收入达到或接近当地平均收入水平，基本公共服务覆盖农村残疾人并不断提高水平，残疾人生存有保障，生活有尊严，发展有基础。"

2015年12月25日，中共山东省委、山东省人民政府下发《关于贯彻落实中央扶贫开发工作部署坚决打赢脱贫攻坚战的意见》，意见提出"在精准识别、精准施策基础上，对建档立卡的300万左右农村贫困人口，集中开展扶贫工作。主要是：通过发展生产实现150万人左右脱贫，通过转移就业实现60万人左右脱贫，通过易地搬迁实现六万人左右脱贫，通过生态补偿实现四万人左右脱贫，其他农村贫困人口通过社会保障兜底脱贫。在脱贫进度上，2016～2017年两年基本完成脱贫任务，第三年全部兜底完成，后两年巩固提升脱贫攻坚成果，建立长效机制"①。

2016年，山东省制定了《山东省定扶贫工作重点村产业发展项目管理办

---

① 引自山东省扶贫开发办公室网站：http://www.sdfp.gov.cn/zcfg/zcwj/201607/t20160701_1104.htm。

法》，提出"重点村产业发展项目要与带动贫困户增收脱贫挂钩，目标瞄准建档立卡贫困户、贫困人口，项目安排必须精准到户到人，因村因户因人施策，资金跟着贫困人口走，贫困人口跟着项目走，项目跟着产业走，产业跟着市场走，坚持科学扶持、注重实效"①。办法指出鼓励支持发展特色产业。依托当地资源优势，因地制宜，扶持重点村、建档立卡贫困户发展特色种养业、传统手工业、服务业等特色优势产业。开展"一村一品"特色产业助推行动，扶持和引导贫困人口参与特色产业基地建设。办法提出增强农业新型经营主体扶贫带动作用。鼓励支持农业龙头企业、农民合作社、家庭农场等主动承担扶贫责任，通过"龙头企业+基地+农户""公司+合作社+农户"等方式，把更多建档立卡贫困户纳入产业化经营链条。办法还提出积极探索资产收益扶贫。财政专项扶贫资金和其他涉农资金投入重点村产业发展项目形成的资产，可折股量化到建档立卡贫困户、贫困人口。允许以财政扶贫资金作为个人股金入股合作社、龙头企业，引导建档立卡贫困户以土地承包经营权等入股合作社、龙头企业，持股分红，负盈不负亏。

2016年，山东省人民政府办公厅转发省民政厅等部门《关于做好农村最低生活保障制度与扶贫开发政策有效衔接的实施意见》的通知，通知指出，"坚持应扶尽扶、应保尽保、动态管理、资源统筹基本原则，通过农村低保制度与扶贫开发政策的有效衔接，加强部门协作，完善政策措施，健全工作机制，形成制度合力，对符合低保标准的农村贫困人口实行政策性保障兜底，对纳入建档立卡范围的农村低保对象给予政策扶持，确保到2018年我省现行扶贫标准下农村贫困人口全部脱贫"②。

2016年，山东省人民政府印发了《山东省"十三五"脱贫攻坚规划》的通知，规划提出，脱贫攻坚工作要坚持因地制宜、精准施策，造血为主、输血为

---

① 引自山东省扶贫开发办公室网站：http：//www.sdfp.gov.cn/zcfg/zcwj/201607/t20160701_1101.htm。
② 引自山东省扶贫开发办公室网站：http：//www.sdfp.gov.cn/zcfg/zcwj/201701/t20170109_1992.htm。

辅、统筹推进、创新发展，绿色扶贫、生态为先，政府主导、合力攻坚五项原则，确保到2018年，242.4万建档立卡农村贫困人口全部脱贫、"十二五"期间剩余的4435个省定扶贫工作重点村全部摘帽；"十三五"期间，根据建档立卡最新情况，确定2000个贫困人口最多的村作为重点攻坚对象，按时脱贫。到2020年，稳定实现农村贫困户人均可支配收入增长幅度高于全省平均水平，基础设施建设和基本公共服务主要领域指标接近全省平均水平[①]。

2018年，山东省委、省政府印发《山东省乡村振兴战略规划（2018～2022年）》，规划提出，到2020年，乡村振兴取得重要进展，建成一整套齐鲁样板政策体系、制度体系、标准体系和考核体系；到2022年，乡村振兴取得重大突破，全省30%的村基本实现农业农村现代化；到2035年，乡村振兴取得决定性进展，基本实现农业农村现代化，齐鲁样板全面形成；到2050年，乡村全面振兴，农业强、农村美、农民富全面实现[②]。

第三节 扶贫实践研究

一、学者关于政府扶贫实践的研究

冯永宽（1994）研究了四川盆周山区的情况，较早地提出了该地区的返贫现象并深入分析了其原因，指出天灾、人祸、宏观政策的失误可能会导致返贫现象的发生，提出了加大投入力度、建设基本农田、建立区域支柱产业、改变贫困地区基本生产条件，增设"扶智资金"、加强贫困地区基础教育，严格控制人口增

[①] 引自山东省扶贫开发办公室网站：http：//www.sdfp.gov.cn/ywsd/201701/t20170113_1996.htm。
[②] 引自山东省文化和旅游厅网站：http：//www.sdwht.gov.cn/html/2018/szf_0514/47524.html。

长、加速转移农业剩余劳动力及用发展模式取代以贫困户温饱为中心的扶贫模式等①。冯永宽较早地提出了系统的扶贫方案,为后来学者的研究奠定了很好的基础。

邢燕芬(1994)分析了岢岚县扶贫的实际工作,提出了用产业扶贫和劳务扶贫是市场经济条件下扶贫的有效方式,并对产业扶贫和劳务扶贫的具体路径进行了介绍②,对同类地区具有很强的可推广性。

田北超(1995)提出了民族地区职教扶贫的改革理论,认为应将救济性扶贫资金改为职教扶贫资金,通过职业技术教育更好地扶贫③。

肖继文等(1996)指出,长期以来很多地方的扶贫指导思想停留在增粮增收,解决温饱的经济问题上,较早地提出了重视对人力资源开发的文化扶贫④。

宗地文(1996)指出扶贫的老办法诸多弊端,较早地提出了企业参与扶贫的思路与对策⑤。

韩凤兴(1997)总结了宁夏南部山区的信贷工作,提出了孟加拉扶贫模式在南部山区扶贫工作中的工作设想和安排⑥。

刘守敏(1997)介绍了江西赣南的"山上再造""高效养殖""猪—沼—果"工程等六种扶贫模式⑦。

刘友群等(1997)总结了湖北英山县的扶贫经验,英山县自然资源匮乏,工业基础薄弱,同时人口增长过快⑧,提出了扶贫开发与计划生育相结合的管理模

---

① 冯永宽. 四川盆周山区返贫现象透视 [J]. 经济体制改革, 1994 (5): 31-41, 127-128.
② 邢燕芬. 产业扶贫和劳务扶贫——市场经济下我省扶贫工作的现实选择 [J]. 前进, 1994 (12): 32-33.
③ 田北超. 发展民族职业教育 增强扶贫工作活力——论民族地区的职教扶贫工作模式 [J]. 西南民族学院学报(哲学社会科学版), 1995 (1): 14-16.
④ 肖继文, 魏星河, 杨超. 文化扶贫一项伟大的文明工程 [J]. 求实, 1996 (11): 31-34.
⑤ 宗地文. 论企业参与扶贫 [J]. 中国民营科技与经济, 1996 (3): 40-42.
⑥ 韩凤兴. "孟加拉扶贫模式"在我区政策性扶贫信贷工作中运用之设想 [J]. 农村金融与市场经济, 1997 (6): 37-39.
⑦ 刘守敏. 赣南扶贫攻坚的六种模式 [J]. 中国贫困地区, 1997 (3): 49.
⑧ 刘友群, 王军, 郑烈煌. 关于英山县扶贫开发与计划生育相结合管理模式的探索 [J]. 南京人口管理干部学院学报, 1997 (2): 32-37.

式并取得了不错的效果。

许娴（1999）介绍了鸡场坪移山村小额贷款扶贫的经验[①]。

朱瑞、杨丽（2000）分析了云南的扶贫工作，为少数民族山区的扶贫提出了利用相对资源优势等七点思路[②]。

蒲春玲等（2001）回顾了"八七"扶贫攻坚期间存在的问题，指出"新疆贫困具有明显的地域特点"[③]，构想采取加强基础设施建设、发展特色农业、重视教育与科技、发展服务业与旅游业、促进农业产业化等做好下一阶段进一步的扶贫工作。

佘远美（2001）较早地提出了采取量化手段对于开发扶贫模式进行考核。佘远美发现扶贫中有些地方盲目创建的扶贫模式，还存在依靠宣传来炒作政绩的现象[④]，运用量化的手段就比较容易衡量扶贫模式的经济效果，在很大程度上避免出现前面所述的不良现象。佘远美的研究主要从经济角度对扶贫模式进行考量，但有些扶贫模式如教育扶贫前期需要持续的大量投入且短期效果不明显，另外，扶贫所带来的社会效益也非常重要但很难用经济手段衡量。

张跃平、周基农（2002）从激励制度的角度出发，研究了延安、怀化贫穷地区，毕节地区，浙江勤县，清远、北海地区，恩施土家族苗族自治州等不同地区扶贫的激励制度，提出要利用"利益驱动"的市场经济规律做好扶贫工作[⑤]。

刘益、陈烈（2004）将20世纪90年代以来我国旅游扶贫的发展分为两个阶段进行分析与回顾，进一步探讨了旅游扶贫开发的概念、特点及其原则并提出了

---

① 许娴. 移山村小额信贷扶贫效果好[J]. 贵州农村金融，1999（7）：14-15.
② 朱瑞，杨丽. 资源贫乏的少数民族山区建立扶贫新机制的思路[J]. 思想战线，2000（5）：28-30.
③ 蒲春玲，王承武，左新敏. 新疆扶贫开发战略构思及对策建议[J]. 新疆农业大学学报，2001（4）：70-74.
④ 佘远美. 扶贫开发模式的成本效益指数探讨[J]. 老区建设，2001（10）：40-41.
⑤ 张跃平，周基农. 激励制度安排：民族地区扶贫取得成效的关键[J]. 中南民族学院学报（人文社会科学版），2002（5）：97-99.

旅游扶贫开发操作流程,通过河源东江画廊的案例进行分析阐述①,研究非常翔实,其理论具有很强的可推广性。

张建军、李国平(2004)总结了我国西部地区的扶贫工作,认为西部扶贫存在的问题主要有扶贫政策被市场经济弱化或瓦解、扶贫对象范围的划定缺乏动态管理、小额信贷扶贫模式未与西部贫困地区的实际情况相结合等,提出应"将扶贫开发与生态建设和环境保护有机地结合起来"②。张建军、李国平从宏观角度对整个西部地区的扶贫情况作了分析阐述,但西部地区地域辽阔,包含的省份众多,每个省份或者每个地区都有自己的具体情况,故而,把整个西部作为一个整体来分析,还是略显笼统。

刘亚桥等(2004)通过对甘肃扶贫的探讨,认为"对剩余绝对贫困人口,就地扶贫难度大,应拓宽移民脱贫的渠道";"对已基本解决温饱的贫困地区,应积极探索市场化反贫困模式,走产业化扶贫开发的道路"③。

刘宝巍(2004)在其硕士论文中研究了贫困县占全省县城总数的近三分之一但旅游资源非常丰富的黑龙江省,提出了实施政府主导型发展战略的主张,探讨了黑龙江省贫困地区实施旅游扶贫开发的具体对策④。

曾震亚(2005)阐述了湘西扶贫的"退人还山",提出"生态立州,旅游兴州"的发展策略⑤。

黄特军(2005)运用模糊数学的方法,通过建立指标体系,采用多目标多层次模糊综合评判来对扶贫自愿性移民搬迁的效果进行评价,证明了其可行性⑥。

---

① 刘益,陈烈.旅游扶贫及其开发模式研究[J].热带地理,2004(4):396-400.
② 张建军,李国平.西部贫困地区扶贫模式的创新与对策研究[J].科学学研究,2004(6):594-599.
③ 刘亚桥,杨军,曹子坚.甘肃省扶贫开发模式的回顾与探讨[J].甘肃理论学刊,2004(3):94-97.
④ 刘宝巍.旅游扶贫理论研究及在黑龙江省应用的实证分析[D].哈尔滨:东北农业大学,2004.
⑤ 曾震亚."退人还山"模式:一条经由艰难探索成就出的科学扶贫之路[J].中国民族,2005(8):52-59.
⑥ 黄特军.扶贫自愿性移民搬迁模式效果评价[J].统计与决策,2005(12):35-37.

范远江（2006）研究了最富开放性和交融性四川藏区这一民族地区作为研究样本，对其区域特征与开发历程做了详细论述，认为该地区扶贫应改造当地农牧业，进一步富民富县，综合扶贫多管齐下[①]。

陈小林（2006）以麟游县为样本采用定性分析和定量分析相结合的方法进行了案例分析，通过对扶贫开发工作进行分析和研究，认为应从创新农民利益保护相关制度、建立贫困人口与利益相关者之间的合作伙伴关系等七个方面展开工作[②]。

郝敏（2007）总结对比了我国东西部的发展形势，参考了美国西部农业开发的经验，认为可以通过招工扶贫、发挥西北地区资源的比较优势等方式来实现西北地区扶贫[③]。

黄景容（2007）结合高级技工学校的工作经验提出了职业院校可以参与技能扶贫[④]。

向延平（2008）研究湖南永顺县的旅游扶贫的经济绩效评价，认为应从科学规划协调开发、调动居民参与积极性、提高旅游扶贫意识等方面进一步提高旅游扶贫的经济绩效[⑤]。

马梅芳（2009）研究了"中华水塔"三江源地区的具体情况，提出了该地区进行生态旅游扶贫的必要性与可行性，提出可将"闭塞落后"变为丰富而独特的生态旅游资源[⑥]，做好当地扶贫工作。

耿艺微（2009）对辽宁农村扶贫开发整村推进方面存在的问题进行分析和总

---

① 范远江. 四川藏区扶贫开发态势及思路创新[C]. 四川大学中国藏学研究中心. 西藏及其他藏区经济发展与社会变迁论文集. 成都：四川大学中国藏学研究所，2006：11.
② 陈小林. 麟游县扶贫开发研究[D]. 杨凌：西北农林科技大学，2006.
③ 郝敏. 西北地区农村扶贫开发模式研究[J]. 全国商情（经济理论研究），2007（9）：104 - 106.
④ 黄景容. 技能扶贫的实践与探索[J]. 中国职业技术教育，2007（26）：5，7.
⑤ 向延平. 贫困地区旅游扶贫经济绩效评价研究——以湖南省永顺县为例[J]. 湖南文理学院学报（社会科学版），2008，33（6）：58 - 60.
⑥ 马梅芳. 三江源地区生态旅游扶贫模式的探讨[J]. 青海师范大学学报（哲学社会科学版），2009（5）：18 - 21.

结，认为辽宁整村推进方面存在扶贫资金、项目管理、农户素质等问题，应从创新资金管理机制、加强扶贫资金的监管、加强群众监督、加强相关组织建设、保持扶贫方式的多样性等方面进行改进①。

许驰（2010）将福建农村扶贫开发历程进行了分析，认为其分为五个阶段：1949～1977年的广义扶贫阶段、1978～1985年的制度变革扶贫阶段、1986～1993年的开发式扶贫阶段、1994～2000年扶贫到户模式阶段、2001年以后的全面建设小康社会阶段②。

郑庆顺（2012）认为高校扶贫有着人才和技术的优势，在如何评价高校扶贫工作的成效方面，郑庆顺提出了建立包括目标责任、扶贫形式与成效、保障与激励等三个一级指标的指标评价体系，该体系还包括九个二级指标和二十四个三级指标③。

王艳（2014）在其博士论文中研究了牧区的扶贫工作，由于牧区既具有边疆性、民族性等地域特征，又与生态问题密切相关，牧区的扶贫工作是集经济、政治、社会、生态等多方面于一体的系统工程。王艳的研究从构建牧区扶贫开发的政策理论体系、建立牧区扶贫开发监管考评及综合干预制度、正确处理牧区扶贫开发中出现的不和谐关系、增强各扶贫主体间的综合扶贫效果等四个方面对牧区的扶贫工作提出了措施和建议④。

朱建华（2015）研究了贵州的业产业化扶贫工作经验，提出了金融扶贫的农业产业化发展策略⑤。

---

① 耿艺微. 辽宁省整村推进扶贫开发方式研究［D］. 沈阳：东北大学，2009.
② 许驰. 福建省农村扶贫开发历程及前瞻［J］. 沈阳农业大学学报（社会科学版），2010，12（3）：280－283.
③ 郑庆顺. 高等院校服务农村扶贫工作的综合评价体系构建——以高等农业院校服务广东扶贫为例［J］. 广东农业科学，2012，39（16）：206－209.
④ 王艳. 中国牧区扶贫开发问题研究［D］. 长春：吉林大学，2014.
⑤ 朱建华. 金融扶贫视角下欠发达地区农业产业化发展研究——以贵州省为例［J］. 农村经济与科技，2015，26（12）：130－132，110.

朱朝健（2017）研究了贵州印江县的扶贫开发工作案例，并提出了改进建议[①]。

段鹏等（2018）分析了江苏的实践，认为利用大数据这一技术手段助推扶贫监管，推动监管系统建设制度化和规范化，提高扶贫效益[②]。

陆志伟（2018）根据西藏地区的地理环境等因素，认为边贸扶贫是该地区开展精准扶贫的重要途径，认为从"西藏应该从政策宣传、边贸基础设施、金融支持、边贸扶贫机制以及发展边境非公经济等五个方面推进边贸扶贫"[③]。

综上所述，学者对于国内的扶贫实践研究主要是对研究地区的地理环境、社会因素、贫困原因进行了具体分析，提出了当地扶贫的措施建议。2000年之前的研究成果主要集中在解决贫困问题的经济问题上，对扶贫的社会效益考量较少，2001~2010年的研究成果大多既考虑经济因素，又从社会效益出发，考虑扶贫的长期性和可持续性。2010年之后的研究成果，除了考虑经济效益与社会效益外，大多提到了自然生态的保护和可持续开发。另外，2010年之后的扶贫实践，开始探索如电商扶贫、"互联网+"扶贫等具有时代特色的扶贫方式并收到了很好的效果反馈，说明我国扶贫方式和扶贫实践随着时代和技术的进步也在与时俱进，不断创新。

二、企业扶贫实践案例

1. 阿里巴巴扶贫实践案例介绍

阿里巴巴一直致力于我国的电商扶贫。截至2016年8月底，全国共发现135个淘宝镇，1311个淘宝村。其中，浙江、广东和江苏的淘宝村数量位居全国前

[①] 朱朝健. 贵州省农业企业扶贫开发效果评价研究——以印江县为例［J］. 当代经济, 2017（36）: 66-67.

[②] 段鹏, 孙宗一, 董新凯. 大数据助推扶贫监管的创新模式与有效路径探析——以江苏省为例［J］. 现代管理科学, 2018（12）: 85-87.

[③] 陆志伟. 西藏精准扶贫方式创新之边贸扶贫探究［J］. 西藏发展论坛, 2018（4）: 48-51.

三位。2016年阿里研究院、阿里新乡村研究中心联合发布的《中国淘宝村研究报告》展现了我国农村电商扶贫的全貌。报告指出，淘宝村经济社会价值主要在于：孵化大批草根创业、创造规模化就业机会、电商消贫致富。报告讲述了培斜村的"最美淘宝村"案例：培斜村通过"全村参与、自愿入股"的形式，从培斜村经济联合社、村民入股、社会经济能人筹资三方面筹集建设资金，累计投资1867万元，开创了农产品种植与加工、电子商务、生态旅游"三驾马车"齐头并进、融合发展，以及村民广泛参与、共同致富的新乡村发展模式。

2016年，阿里研究院发布了《2016年返乡电商创业研究报告》，指出近年来返乡电商创业成为一大热点。调查报告显示，返乡主要有跨区县返乡、跨市返乡、跨省返乡三种形式，其中跨省返乡占到了40%以上。至于返乡的原因，主要有："回去方便照顾家里人""电商投入少，帮我实现创业梦想""上网购物的人越来越多""村里有人做电商很成功""城里工作不好找""城里房价涨得太快"等。2015~2016年返乡电商创业者迁出最多的十个城市如图1-4所示，2015~2016年全国返乡电商创业最活跃的十个县如表1-1所示，返乡电商创业最集中的十个类目如表1-2所示，电商消贫十佳县如表1-3所示。

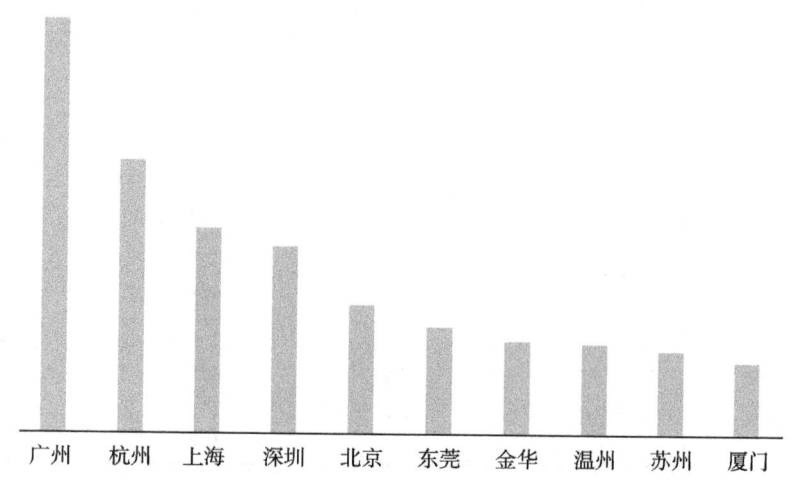

图1-4　2015~2016年返乡电商创业者迁出最多的十个城市

数据来源：阿里研究院，2016年。

表1–1 2015~2016年全国返乡电商创业最活跃的十个县

排名	县	省	特色产品
1	石狮	福建	服装
2	常熟	江苏	服装
3	白沟	河北	箱包皮具
4	桐乡	浙江	服装
5	普宁	广东	服装
6	温岭	浙江	鞋
7	天台	浙江	汽车用品
8	永康	浙江	餐具、运动用品
9	晋江	福建	鞋
10	海门	江苏	床上用品

数据来源：阿里研究院，2016年。

表1–2 2015~2016年返乡电商创业最集中的十个类目

排名	商品类目
1	服装
2	鞋
3	化妆品
4	箱包皮具
5	家具
6	饰品
7	汽车用品
8	玩具
9	户外用品
10	居家用品

数据来源：阿里研究院，2016年。

表 1-3　2016 年电商消贫十佳县

排序	县	省	电商消贫指数	电商惠及广度指数	电商惠及深度指数
1	文山	云南	77.23	80.18	74.28
2	舒城	安徽	75.52	56.88	94.17
3	平乡	河北	71.01	89.09	52.93
4	寻乌	江西	70.60	65.02	76.19
5	蕲春	湖北	67.97	60.80	75.13
6	吉安	江西	67.24	59.26	75.22
7	潜山	安徽	65.68	56.79	74.56
8	光山	河南	63.15	61.78	64.52
9	宿松	安徽	62.86	57.90	67.82
10	上饶	江西	62.43	60.59	64.28

数据来源：阿里研究院，2016 年。

2016 年，西南财经大学中国家庭金融调查与研究中心与阿里研究院发布了《农村网商发展报告》，指出："与类似村庄相比，有网商村庄外出务工人数平均比无网商村庄少 133 人，全国来看农村网商发展减少外出务工人口约 1200 万人""在家庭特征类似的条件下，与无网商村庄家庭比较，网商提高家庭平均收入 2.05 万元，提高家庭财富 21.3 万元""相对于类似村庄，有网商村庄人均特色产业产值为 11870 元，无网商村庄为 460 元，约为无网商农村的 25.8 倍""有网商村庄创业比重为 18.9%，高于无网商村庄的 11.1%，并且有网商村庄创业家庭中主动创业比重为 81.0%，高于无网商村庄的 78%"。报告认为，农村网商发展的影响因素主要是基础设施和人文环境两大因素，其中，基础设施影响因素主要包括地域优势、道路交通、物流配套、互联网建设和金融服务；人文环境影响因素主要包括教育培训、大学生村官和治安环境。报告特别指出了一些成功的实践案例：福建莆田黄石镇，因境内有两条铁路、三条高速公路以及六纵六横的高密度路网，凭借四通八达的交通优势，多个村庄由传统行业专业村逐渐变身为电商创业者集聚的"淘宝村"。浙江衢州柳村，距龙游县城仅一公里。凭借良好的地域优势，该村已有 140 多家电商企业，主营德辉酥饼等特色产业，年营业额突破 8000 万元。辽宁锦州市松山村，大学生村官吕烨，无偿为养鸡户建"淘宝村"，协助养殖户建网店，每年销售鸡雏 150 万只，种蛋、鲜蛋近千吨，形成规模和协同效应的网络商业群聚现象。电子商务年交易额达到 680 万元以上，活跃网店数量达到 41 家，人均年收入突破 3 万元。

近年来，阿里推出了网络扶贫 2.0，现将其扶贫案例及成果摘录总结如下：

电商扶贫方面，截至 2016 年，曹县网商开通网店两万余个，电商销售额近 25 亿元，直接带动超过 4000 名贫困人口脱贫。电商扶贫是阿里扶贫的主打项目，其成功案例众多，本书在此仅举一例，其余不再赘述。

普惠金融方面，截至 2016 年 12 月底，蚂蚁金服已为 3514 万三农用户提供信用贷款服务，累计放款金额 4062 亿元；为 1.3 亿三农活跃用户提供了互联网保障保险服务，累计投保笔数 47.63 亿笔；为 1.6 亿三农用户提供互联网支付、缴费、转账、充值等便捷支付服务。

"互联网+乡村旅游"方面，仅 2016 年，全国就有数十个贫困县与阿里旅行、农村淘宝合作，打造"红色旅游""乡村旅游""民宿旅游"等特色项目，如广西忻城、江西瑞金、四川北川、云南元阳等。

网络医疗方面，阿里健康与农村淘宝合作建立健康生态服务中心，包含三大重点服务内容：基础健康服务、专科检测治疗服务和远程医疗服务。至 2017 年 2 月，首批 300 个健康生态服务中心陆续落地，覆盖了黑龙江、广西等 20 个省区。

网络公益方面，2016 年，近 500 家公益机构通过阿里平台开展公益活动。2016 年，淘宝公益平台为公益行业筹集善款 2.28 亿元，参与捐赠人数 3.04 亿人，捐赠次数达到 43.9 亿次，充分体现了网络平台的力量，促成人人参与公益的格局。

2. 京东扶贫实践案例介绍

2016 年 1 月 22 日，国务院扶贫开发领导小组办公室与京东集团签署《电商精准扶贫战略合作框架协议》，双方共同探索"产业扶贫、创业扶贫、用工扶贫"三大模式，发挥京东电商平台优势，以电子商务手段助力国家"精准扶贫"战略。京东成立了由集团执行副总裁蓝烨挂帅，八个集团业务小组和七个区域落地小组组成的京东电商精准扶贫执行团队。京东的电商扶贫战略，包含了产业扶贫、用工扶贫、创业扶贫和金融扶贫四大策略，并在实际扶贫工作中摸索出培训→金融→农资→安全→运输→销售→品牌→招工八大环节的帮扶体系。扶贫工作的重心放在打通"农产品进城"的通道，以农副产品、生鲜冷链物流为突破口，帮助贫困地区的优质农副商品以最快的速度传送到城市百姓的餐桌上，以带动贫困地区脱贫。京东实施的"互联网+"精准扶贫战略，不仅仅是对国家既有扶贫路径的有效补充，也是在企业和市场层面构建了全新的精准扶贫平台和渠道，形成了政府、市场、社会互促共进、协同发力的大扶贫格局，是电商扶贫模式的全新升级，提供了精准扶贫的综合解决方案。截至2017年7月，京东平台上共开设109个贫困地区的特产馆，与全国832个贫困县6003家企业展开深度合作，发掘并上线283万种扶贫商品，从2016年初到2017年7月一年半时间里，累计帮助贫困地区销售153亿元商品，此期间农特产品销售涨幅如图1-5所示。

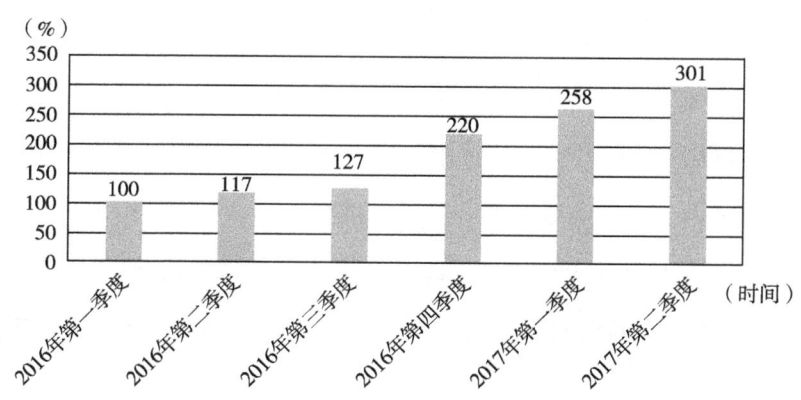

图1-5 2016~2017年农特产品涨幅

数据来源：京东电商精准扶贫年度报告，2017年。

产业扶贫方面,京东不仅通过电商平台把贫困地区的产品卖出去,更重要的是帮助当地做品牌的打造。京东与政府部门一起来帮扶当地龙头企业的成长,这些龙头企业再来带动贫困户增收、就业,使贫困地区经济真正具备造血能力。此外,京东还探索出一种"精准模式",就是针对当地建档立卡的贫困户,通过在当地引入"跑步鸡""游水鸭""飞翔鸽"这样的项目,帮助当地孵化出可持续发展的项目。在这个过程中,京东金融提供京农贷免息贷款,帮助引入鸡苗、鸡饲料等生产资料,并配套支持养殖技术、屠宰加工、品牌包装、生鲜冷链、网上销售,使当地产业形成一个闭环。

用工扶贫方面,由于京东是自营仓储配送体系的模式,在公司14万正式员工中,有十万人是一线物流产业工人。京东70%以上员工来自于农村,对于吸纳贫困地区人口就业有独特优势。京东招聘岗位重点向贫困地区倾斜,优先录用建档立卡贫困人口,已累计解决贫困地区人口就业2.5万人左右,为来自贫困地区的员工缴纳"五险一金"、签订正式劳动合同,贫困地区入职一线员工平均月收入超过6000元,真正实现"一人就业、全家脱贫"。

金融扶贫方面,京东金融通过京农贷小额贷款支持,在全国扶持了大量种地不花钱、养羊不花钱、养鸡不花钱项目。比如在河南濮阳,京农贷支持的扶贫羊项目零门槛、全覆盖、保底收益,让贫困户持续增收,杜绝返贫,目前已为濮阳县提供8000万资金,惠及1700户贫困家庭。除了京农贷之外,京东金融还通过扶贫众筹帮助贫困县产品塑造品牌,发起了富平柿饼、光山信阳毛尖、砀山黄桃罐头、抚远鱼子酱等众多众筹项目,目前已成功完成来自近50个国家级贫困县107个项目的众筹,平均超过筹款目标3~5倍,众筹资金8.6亿元,贫困家庭平均增收5300元。

创业扶贫方面,京东广泛联合社会培训资源,为贫困户提供种养、电商等技能培训服务,完善涉农电商服务生态。在电商人才培养层面,京东联手合作伙伴举办630多场培训,覆盖全国28省的贫困地区,覆盖人群已超过十万人次。京东还十分重视联手供应商开展多种形式的扶贫工作。以陕西为例，京东联手华圣果业累计免费培训贫困户 12000 人次，技术输出 1000 人次①。

3. 腾讯扶贫实践案例介绍

早在 2002 年底，腾讯向广东的贫困山区捐赠了一批电脑，这是腾讯公司捐出的首笔公益物资，也是腾讯扶贫迈出的第一步。2018 年 9 月，腾讯基金会和腾讯研究院联合发布了《"互联网+"助力扶贫报告》，报告回顾了腾讯基金会成立 11 年和腾讯公司成立 20 年以来在扶贫脱困、精准扶贫方面所做出的各项努力和成效，并展望了未来规划：腾讯将运用"互联网+"的力量助力扶贫的"造血"和"输血"模式，做好"精准扶贫的数字化助手"。

公益平台建设方面，数据显示，腾讯公益平台上占比达 90% 的扶贫助困类项目，均能在最短的时间内得到最为精准的救助。截至 2018 年 6 月，腾讯公益上已有逾 1.6 亿人次网友捐出善款，为数千家公益机构的四万多个公益项目贡献力量。其中，扶贫类公益项目筹款约 35 亿元。数据显示，腾讯公益平台上占比达 90% 的扶贫助困类项目，均能在最短的时间内得到最为精准的救助。截至 2018 年 6 月，腾讯公益上已有逾 1.6 亿人次网友捐出善款，为数千家公益机构的四万多个公益项目贡献力量。其中，扶贫类公益项目筹款约 35 亿元。

"互联网+"扶贫生态方面，近几年来，腾讯在利用自己的产品和技术助力各个行业打造"数字化助手"方面做了很多。报告显示，除了腾讯基金会在扶贫方面所做的工作，腾讯公司也一直在依托自己的技术和生态探索"互联网+"助力扶贫的特色之路。2015 年，致力于乡村移动互联网能力建设的腾讯"为村"平台正式向全国发布，"四两拨千斤"地切入乡村民生服务，也成为腾讯"轻接入、深切口"的"互联网+扶贫"生态样本。多层级架构互联互通、培训互联网人才、连接多方资源的为村三式同时发力，连接村庄"最后一公里"，让移动

---

① 以上内容引自人民网：http://finance.people.com.cn/n1/2017/0718/c1004-29413105.html。

智慧生活下沉到最毛细血管的乡村中。截至 2018 年 7 月，"为村"平台上共有 22 个省（市、区）超 6300 个上线村庄，其中涉及 18 个国家级贫困县，全平台用户互动使用累计超过 2.5 亿次。在信息传播领域，依托微信等流量红利平台，贫困地区的群众将随时随地进行交流沟通、获取资讯、学习娱乐等，让"看天吃饭"和经验种田逐渐成为过去。促进公共服务的均等化，将成为贫困地区脱贫致富，拉动创业就业，实现经济后发赶超的有效途径。在前沿技术运用领域，利用腾讯 AI、大数据、云计算等新技术，广大不发达地区的人们也有机会享受平等的医疗资源、数字化的便捷服务，从源头降低贫困人口的重要成因——患大病和患长期慢性病的比例。在广东，很多贫困地区已开始将这些技术运用于癌症诊断和筛查，让这些疾病早发现，早治疗，降低因病返贫的概率。此外，通过在线课堂等能力，优质师资和教育资源也将同样辐射贫困地区，让贫困地区孩子受到公平而有质量的教育，提升综合素质，实现"扶贫先扶智"①。腾讯方面表示，未来将持续为贫困地区和贫困人群"授之以鱼更以渔"，以动态发展的扶贫创新路径，用生态的力量促进全方位扶贫工作。与此同时，腾讯还会持续将产品和技术提供给扶贫的各项工作，并努力打造"精准扶贫数字助手"。

三、其他扶贫实践

1. 健康扶贫

2018 年 10 月 17 日，在由国家卫生健康委员会主办的 2018 扶贫日系列活动——社会力量参与健康扶贫协作论坛上，中国人口与发展研究中心发布了《中国健康扶贫发展研究报告》。报告认为，因病致贫返贫是扶贫"硬骨头"的主攻方向，健康扶贫将是一项长期任务，我国贫困患者还大量存在。2016 年 4 月，原国家卫生计委以县为单位，全面摸清了因病致贫的 775 万户、1996 万建档立卡人

---

① 引自腾讯研究院：http://www.tisi.org/5060。

口的患病情况,2017年各省核实贫困患者情况如图1-6所示。截至2017年底,全国贫困患者849万人,其中大病患者196万人,慢性病患者608万人,重病患者47万人,各省分布情况如图1-7所示。

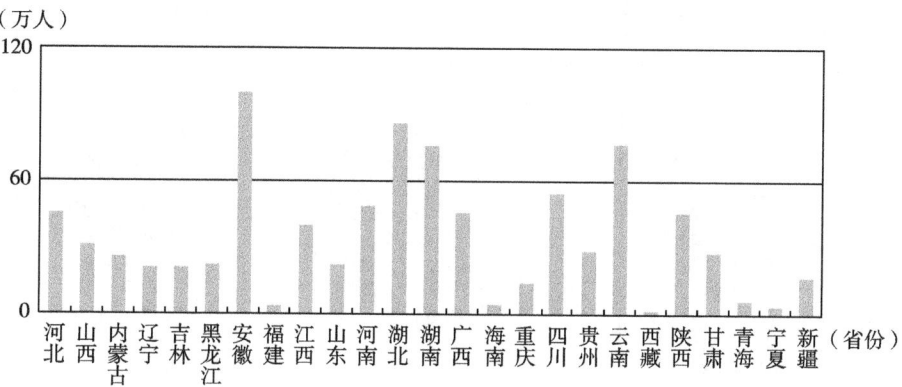

图1-6　2017年各省贫困患者情况

数据来源:中国健康扶贫发展研究报告,2018年。

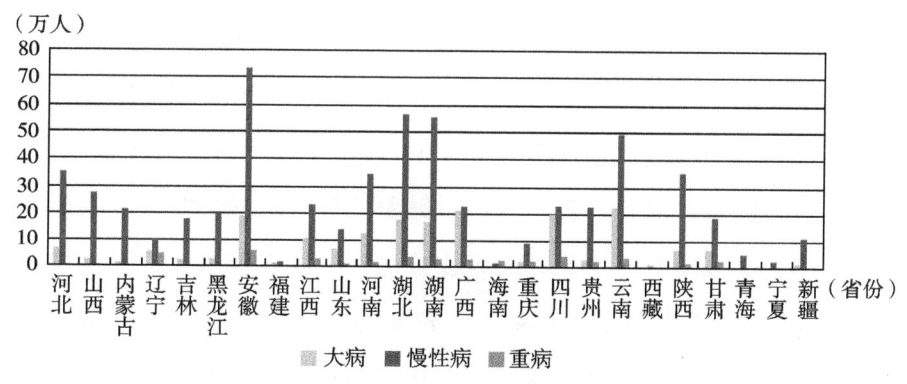

图1-7　2017年各省大病重病慢性病患者情况

数据来源:中国健康扶贫发展研究报告,2018年。

健康扶贫工程实施以来,国家卫生健康委员会遵循卫生健康工作规律,建立了稳健有力的推进机制、合力攻坚的协作机制、动态监测的管理机制、要求明确的追责机制、社会参与的动员机制。对于大病慢性病重病患者，实施分类救治的策略，如图1-8所示。

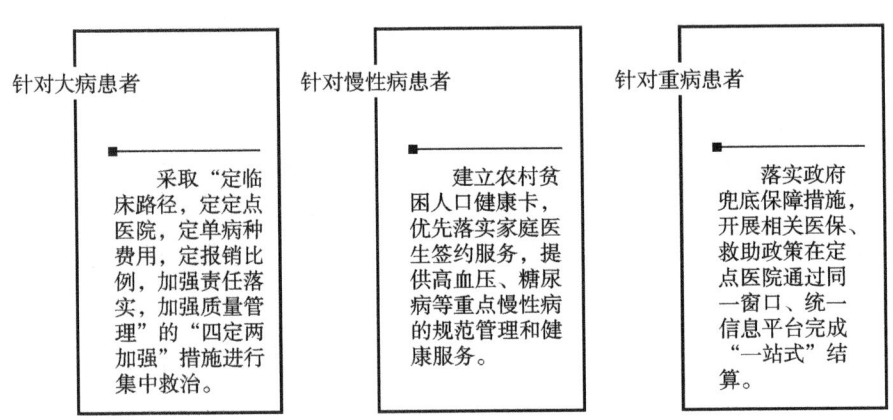

图1-8　大病重病慢性病患者救治措施

数据来源：中国健康扶贫发展研究报告，2018年。

在"看得起病"方面，推动建立贫困人口医疗兜底保障机制，实行县域内住院先诊疗后付费和一站式即时结算，通过基本医保、大病保险、医疗救助以及其他补充措施，减轻贫困人口就医费用负担。在"看得好病"方面，实行分类救治策略，救治比例达95%，贫困人口对健康扶贫政策在本地执行情况满意度为83.9%。在"看得上病"方面，实施改善医疗卫生设施条件、深化人才培养培训、创新实施医共体管理、"互联网+健康扶贫"、三级医院对口帮扶等综合举措。在"少生病"方面，加强贫困地区疾病防控和公共卫生、深入开展爱国卫生运动、加强健康教育和健康促进等，防治结合，推动关口前移。

2. 能源扶贫

2018年10月13日，由华北电力大学编著的《中国能源扶贫发展研究报告（2013～2018年）》在北京发布。报告认为，能源贫困会引发一系列问题。由于用不起电力等现代能源，不少贫困农户不愁锅上愁锅下，为铲挖柴草、拾取畜粪耗费相当数量的劳力，减少了从事非农业劳动增加家庭收入的机会。贫困家庭为了省钱，平常尽量少开灯、少用电，家用电器主要当摆设，严重制约其生活水平的提高。在农村偏远地区，贫困户家中的电灯功率较低、灯光昏暗，对在学学生的视力影响较大。由于电压不足，农户的农业机械带不起来，也严重影响了农业生产和农民脱贫致富。传统生物质能燃烧释放的烟雾，容易诱发呼吸类疾病。

报告认为，中国扶贫模式正发生着多元化的转变。由基于农业和资源的开发式扶贫，逐渐向生计替代式扶贫转变。新的精准扶贫替代过去的粗放扶贫，其中，扶贫与能源相结合，借助推广光伏发电技术，以期实现低碳减排和减贫双丰收的能源扶贫成为扶贫领域的重要途径。因此，推行"能源扶贫"，尤其是"新能源扶贫"是一件亟待进行的工作，即通过推广光伏发电、太阳能设备、秸秆发电等新能源，让贫困家庭用得起、用得上现代能源服务，解决他们的生活和生产用电问题[①]。

---

① 引自百度：https：//baijiahao.baidu.com/s? id=1615008208444834888&wfr=spider&for=pc。

第二章 农村小微企业

第一节 小微企业的界定

企业按照规模大小依次分为微型企业、小型企业、中型企业、大型企业、超大型企业,企业数量呈现金字塔形。小微企业作为企业生态群落的基石,数量众多且准入门槛低,成为大众创业、万众创新的重要平台,是促进经济增长、提供就业机会、推进科技创新的重要支撑力量。

一、国际小微企业划分标准

国际上一般通过定性或定量的标准来界定小微企业。定量标准,主要是从企业雇佣人数、企业资产总额和企业营业额三个参照标准进行划分;定性标准,则须遵循独立所有原则、自主经营原则和较小市场份额原则。美国和英国在定义小微企业时,既有定性标准又有定量标准;有些国家则直接采用定量标准来定义小微企业,如日本、德国、意大利等。同时,小微企业也是一个不断发展的概念,从目前国际上的主流做法来看，一般都是以雇员人数、营业额、资产总额、资本总额中的一项或几项指标来确认小微企业。

美国《小企业法》对小微企业的定义是独立经营且在其所在的业务领域不占支配地位。该法还规定在进一步定义时可参照以员工数和企业销售额为主的一系列指标。具体来说，美国将雇佣员工在10~99人之间的企业确定为小型企业；雇佣员工在1~9人的企业为微型企业。加拿大则结合企业雇佣人数和行业来确定小微企业的划分标准。其工业部制定的具体划分指标是：小型企业为雇员人数5~100人的制造业企业及雇员人数5~50人的服务业企业；雇员人数5人以下为微型企业。欧盟根据企业员工和年销售额或资产总额来确定小微企业的划分标准。其规定的小型企业是员工人数在10~50人之间，且年销售额或资产总额在200万~1000万欧元之间的企业；微型企业是员工人数在10人以下，且年销售额或资产总额在200万欧元以下的企业。日本《中小企业基本法》按照行业、资本金和经常雇佣的员工数对企业进行规模划分。另外，其在实际的政策执行中，还要依据具有家族经营性质、经营收入仅够维持一般生活水平、经营者生活与经营活动的密切程度等要素来辅助判断是否为微型企业。巴西将雇员人数为0~9人的企业规定为微型企业；将雇员人数为10~49人的企业规定为小型企业。印度将投资额小于5万美元的制造业企业及投资额小于两万美元的服务业企业均规定为微型企业；将投资额小于10万美元的制造业企业及投资额小于4万美元的服务业企业规定为小型企业。印度尼西亚将资产总额小于5000万印尼盾，且营业额小于3亿印尼盾的企业规定为微型企业；资产总额大于5000万印尼盾小于等于5亿印尼盾，且营业额大于3亿小于等于25亿印尼盾的企业规定为小型企业。马来西亚将雇佣人数少于5人的企业定义为微型企业，将雇佣人数在5~50人之间的制造业企及雇佣人数在5~19人之间的农业和服务业企业定义为小型企业。

世界银行将雇员人数在1~10人之间，总资产100万美元以下，年销售额100万美元以下的企业规定为微型企业；雇员人数在11~50人之间，总资产和年销售额均在 100 万美元以下的企业界定为小型企业。这些国家、地区和国际组织对小型和微型企业的界定标准主要依据的是雇员人数、资产总额和营业额这三个指标。其中，因为雇员人数较易统计所以被各国普遍使用。由此可见，当前各个国家和地区普遍制定统一的定量方法来界定小微企业的标准，其中部分国家还将定性方法与定量方法结合使用。原因在于，定量指标具有直观、规范、灵活的特点，而定性指标虽全面但较模糊、易产生歧义。如果采用复合指标则可以同时发挥两者的优势。可见我国颁布划分微型企业的新标准，有利于提高政策的确定性和灵活性，与国际通行的标准体系接轨。

二、我国小微企业划分标准

在我国，小微企业的概念是由经济学家郎咸平提出的，主要是指小型企业、微型企业、个体工商户、家庭作坊等企业。中华人民共和国成立后，我国在不同经济时期对小微企业有过不同的划分标准。1978 年，国家计委、国家建委、财政部下发了《关于基本建设项目和大中型划分标准的规定》。1988 年，国家经委、国家计委、国家统计局、财政部、劳动人事部下发了《大中小型工业企业划分标准》。2003 年，国家经贸委、国家计委、财政部、国家统计局下发了《中小企业标准暂行规定》。以上划分标准都已被废止，其划分标准代表了一个时代对小微企业的定义，也能从中看出我国中小企业发展速度迅猛，同时，其划分标准的侧重也从一个侧面反映出我国经济内部的复杂性和经济结构的变化。

2011 年 6 月 18 日，工业和信息化部、国家统计局、国家发展和改革委员会、财政部联合印发了《关于印发中小企业划型标准规定的通知》[①]，规定各行业划型标准（见表 2-1）为：

①农、林、牧、渔业。营业收入 20000 万元以下的为中小微型企业。其中，

---

① 中国工业和信息化部：http://www.miit.gov.cn/n1146285/n1146352/n3054355/n3057511/n3057521/n3057523/c3544211/content.html。

营业收入500万元及以上的为中型企业,营业收入50万元及以上的为小型企业,营业收入50万元以下的为微型企业。

②工业。从业人员1000人以下或营业收入40000万元以下的为中小微型企业。其中,从业人员300人及以上,且营业收入2000万元及以上的为中型企业;从业人员20人及以上,且营业收入300万元及以上的为小型企业;从业人员20人以下或营业收入300万元以下的为微型企业。

③建筑业。营业收入80000万元以下或资产总额80000万元以下的为中小微型企业。其中,营业收入6000万元及以上,且资产总额5000万元及以上的为中型企业;营业收入300万元及以上,且资产总额300万元及以上的为小型企业;营业收入300万元以下或资产总额300万元以下的为微型企业。

④批发业。从业人员200人以下或营业收入40000万元以下的为中小微型企业。其中,从业人员20人及以上,且营业收入5000万元及以上的为中型企业;从业人员5人及以上,且营业收入1000万元及以上的为小型企业;从业人员5人以下或营业收入1000万元以下的为微型企业。

⑤交通运输业。从业人员1000人以下或营业收入30000万元以下的为中小微型企业。其中,从业人员300人及以上,且营业收入3000万元及以上的为中型企业;从业人员20人及以上,且营业收入200万元及以上的为小型企业;从业人员20人以下或营业收入200万元以下的为微型企业。

⑥零售业。从业人员300人以下或营业收入20000万元以下的为中小微型企业。其中,从业人员50人及以上,且营业收入500万元及以上的为中型企业;从业人员10人及以上,且营业收入100万元及以上的为小型企业;从业人员10人以下或营业收入100万元以下的为微型企业。

⑦住宿业和餐饮业。从业人员300人以下或营业收入10000万元以下的为中小微型企业。其中,从业人员100人及以上,且营业收入2000万元及以上的为中型企业;从业人员10人及以上,且营业收入100万元及以上的为小型企业;

从业人员10人以下或营业收入100万元以下的为微型企业。

⑧信息传输业。从业人员2000人以下或营业收入10000万元以下的为中小微型企业。

注：⑥⑦⑧三条，从业人员10人及以上，且营业收入100万元及以上的为小型企业；从业人员10人以下或营业收入100万元以下的为微型企业。

⑨软件和信息技术服务业。从业人员300人以下或营业收入10000万元以下的为中小微型企业。其中，从业人员100人及以上，且营业收入1000万元及以上的为中型企业；从业人员10人及以上，且营业收入50万元及以上的为小型企业；从业人员10人以下或营业收入50万元以下的为微型企业。

⑩仓储业。从业人员200人以下或营业收入3000万元以下的为中小微型企业。

注：⑧⑨⑩三条，其中，从业人员100人及以上，且营业收入1000万元及以上的为中型企业。

⑪邮政业。营业收入2000万元及以上的为中型企业；

注：⑩⑪两条，从业人员20人及以上，且营业收入100万元及以上的为小型企业；从业人员20人以下或营业收入100万元以下的为微型企业。

交通运输业和邮政业从业人员1000人以下或营业收入30000万元以下的为中小微型企业。其中，从业人员300人及以上。

⑫房地产开发经营。营业收入200000万元以下或资产总额10000万元以下的为中小微型企业。其中，营业收入1000万元及以上，且资产总额5000万元及以上的为中型企业；营业收入100万元及以上，且资产总额2000万元及以上的为小型企业；营业收入100万元以下或资产总额2000万元以下的为微型企业。

⑬物业管理。从业人员1000人以下或营业收入5000万元以下的为中小微型企业。其中，从业人员300人及以上，且营业收入1000万元及以上的为中型企业；从业人员100人及以上，且营业收入500万元及以上的为小型企业；从业人

员100人以下或营业收入500万元以下的为微型企业。

⑭租赁和商务服务业。从业人员300人以下或资产总额12000万元以下的为中小微型企业。其中，从业人员100人及以上，且资产总额8000万元及以上的为中型企业；从业人员10人及以上，且资产总额100万元及以上的为小型企业；从业人员10人以下或资产总额100万元以下的为微型企业。

⑮其他未列明行业。从业人员300人以下的为中小微型企业。其中，从业人员100人及以上的为中型企业；从业人员10人及以上的为小型企业；从业人员10人以下的为微型企业[①]。

表2-1 我国中小企业划分标准

序号	行业	主要指标	单位	小型企业	微型企业
1	农、林、牧、渔业	营业收入（R）	万元	50≤R<500	R<50
2	工业	从业人员（P）	人	20≤P<300	P<20
		营业收入（R）	万元	且300≤R<2000	或R<300
3	建筑业	资产总额（A）	万元	300≤A<5000	A<300
		营业收入（R）	万元	且300≤R<6000	或R<300
4	批发业	从业人员（P）	人	5≤P<20	P<5
		营业收入（R）	万元	且1000≤R<5000	或R<1000
5	零售业	从业人员（P）	人	10≤P<50	P<10
		营业收入（R）	万元	且100≤R<500	或R<100
6	住宿业	从业人员（P）	人	10≤P<100	P<10
		营业收入（R）	万元	且100≤R<2000	或R<100
7	餐饮业	从业人员（P）	人	10≤P<100	P<10
		营业收入（R）	万元	且100≤R<2000	或R<100
8	信息传输业	从业人员（P）	人	10≤P<100	P<10
		营业收入（R）	万元	且100≤R<1000	或R<100

---

① 以上内容引自《关于印发中小企业划型标准规定的通知》，通知内容详见：中国工业和信息化部 http：//www.miit.gov.cn/n1146285/n1146352/n3054355/n3057511/n3057521/n3057523/c3544211/content.html

续表

序号	行业	主要指标	单位	小型企业	微型企业
9	软件和信息技术服务业	从业人员（P）	人	10≤P<100	P<10
		营业收入（R）	万元	且50≤R<1000	或R<50
10	仓储业	从业人员（P）	人	20≤P<100	P<20
		营业收入（R）	万元	且100≤R<1000	或R<100
11	邮政业	从业人员（P）	人	20≤P<300	P<20
		营业收入（R）	万元	且100≤R<2000	或R<100
12	交通运输业	从业人员（P）	人	20≤P<300	P<20
		营业收入（R）	万元	且200≤R<3000	或R<200
13	房地产开发经营	资产总额（A）	万元	2000≤A<5000	A<2000
		营业收入（R）	万元	且100≤R<1000	或R<100
14	物业管理	从业人员（P）	人	100≤P<300	P<100
		营业收入（R）	万元	且500≤R<1000	或R<500
15	租赁和商务服务业	从业人员（P）	人	10≤P<100	P<10
		资产总额（A）	万元	且100≤A<8000	或A<100
16	其他未列明行业	从业人员（P）	人	10≤P<100	P<10

第二节 小微企业发展现状

一、小微企业的数量

2014年3月国家工商行政管理总局发布的《全国小微企业发展报告》显示，截至2013年底，全国共有小微企业1169.87万户，占企业总数76.57%，且报告称，将4436.29万户个体工商户纳入统计后，全国小微企业总数超过5000万家。

2017年，小微企业创新发展高层论坛上，国家工商总局局长张茅表示："到

2017年7月底,中国小微企业名录收录的小微企业已达7328.1万户。"

二、小微企业的重要性及生存状态

小微企业是国民经济的重要组成部分,在提供就业岗位,推进城镇化建设,促进经济增长和维持社会稳定等方面发挥着举足轻重的作用。在2013年中国家庭金融调查(CHFS)访问到的28143个家庭样本中,有4001个家庭拥有工商业生产经营项目,表2-2为2013年CHFS数据、国家统计局、国家工商总局统计的小微企业数量及其吸纳的就业人数。通过2013年CHFS数据发现,55.4%的本地农民工、50.0%的外地农民工在小微企业就业,使用收入法计算,2012年我国小微企业创造的最终产品和服务价值占2012年国内生产总值(GDP)的24.3%,即小微企业对GDP的贡献约四分之一,总量约126231亿元。2015年,我国新登记的企业中,96%属于小微企业。2017年,小微企业创新发展高层论坛上,国家工商总局局长张茅表示:"据国家统计局的抽样调查,每户小型企业能带动七到八人就业,一户个体工商户带动2.9人就业。特别是创新型小微企业的大量涌现,成为推动创新发展的活力源泉,为新常态下的结构转换提供了新的动能。"小微企业为国家解决了大量的就业人口和近三分之二的所得税,在国民经济中的支撑作用越来越大。

表2-2 小微企业数及吸纳就业人数

	CHFS	统计局	工商总局
个体工商户总数(万户)	4423	4059	4436
小微企业总数(万户)	5558	5145	5606
吸纳就业人口(亿人)	2.11	1.99	1.50

数据来源:《中国小微企业发展报告2014》。

中国社科院学部主席团副秘书长文学国指出,第三产业是小微企业发展的主战场,呈现出总量持续增长、企业分工细、区域差异显著、成长更加多元等特点。小微企业的产业占比主要集中在第三产业,在13大类产业里排在前四位的是批发零售业、居住餐饮业、居民服务、修理等其他服务业占到76.49%。

然而,由于受到资金、技术、人才等方面的影响,小微企业现代化管理水平普遍较低,企业信息化率还不到3%,仍然面临管理不规范、融资难、效率低下、竞争能力弱的问题,严重制约了小微企业发展壮大,小微企业业主主要用延长工作时长的辛勤劳动方式求得生存,表2-3为2013年CHFS调查小微业主工作时长的数据。

表2-3 小微业主工作时长

工作人员类型	平均每周工作时间(天)	每周工作超过五天比例(%)	一周工作七天比例(%)
小微业主(无雇佣员工)	6.3	95.4	79.3
小微业主(有雇佣员工)	6.2	89.6	70.2
其他受雇员工	5.6	61.6	25.1
公务员和事业单位工作人员	5.2	36.3	14.6

数据来源:《中国小微企业发展报告2014》。

诸多研究报告及学者研究都指出,小微企业"融资难"的问题广泛存在。2013年CHFS数据调查认为,导致我国小微企业融资难的主要原因是小微企业的信贷可及性较低,只有57.8%,即在100家有银行信贷需求的小微企业中,只有57.8家去银行申请贷款。在向银行申请贷款的这57.8家小微企业中,得到贷款的高达46.2家。2013年全国31.9%的小微企业有负债。在负债小微企业中,有62.9%的小微企业仅从民间借款,有14.1%同时从银行和民间借款。从金额来看,民间借款占小微企业负债总额的45.7%,是小微企业不可或缺的资金来源。在有民间借款的小微企业中,有四分之三从亲属那里借款,包括兄弟姐妹

33.3%，其他亲属 29.9%，父母 10.6%，子女 1.2%。有息民间借款利率平均为 18.1%，几乎是银行贷款利率 9.6% 的两倍。

数据显示，日本、欧洲的小微企业生命周期可以达到 12 年，美国达到八年多，而中国只有三年。对此，国家工商总局局长张茅 2017 年曾强调，未来将进一步降低准入门槛、提高准入效率、规范市场秩序、完善扶持政策，提升小微企业的市场竞争力，"现在企业反映突出的'准入不准营'问题，要继续大力削减市场准入前置和后置审批事项，减少和整合各种'证'。要适应中国向服务经济转型的大趋势，加快放开教育、医疗、养老、文娱等社会领域，减少对外资和民间资本的投资限制，为促进小微企业、民营经济的较快发展创造条件"。

三、国家优惠政策

随着国家针对小微企业一系列优惠政策的出台，小微企业的发展越来越受到政府和社会的广泛关注。2011 年 11 月，财政部会同国家发展改革委印发通知，决定从 2012 年 1 月 1 日至 2014 年 12 月 31 日，对小型微型企业免征管理类、登记类、证照类行政事业性收费，具体包括有企业注册登记费、税务发票工本费、海关监管手续费、货物原产地证明书费、农机监理费等 22 项收费。自 2014 年 1 月 1 日起，享受减半征收企业所得税优惠政策的小型微利企业范围由年应纳税所得额低于六万元（含六万元）扩大到年应纳税所得额低于十万元（含十万元），政策执行期限截至 2016 年 12 月 31 日，对年应纳税所得额低于十万元（含十万元）的小型微利企业，其所得减按 50% 计入应纳税所得额，按 20% 的税率缴纳企业所得税。2014 年 4 月 9 日经国务院批准，财政部和国家税务总局印发了《关于小型微利企业所得税优惠政策有关问题的通知》，进一步扩展小型微利企业所得税优惠政策实施范围。财政部、国家发展改革委下发《关于取消、停征和免征一批行政事业性收费的通知》，自 2015 年 1 月 1 日起，取消或暂停征收 12 项中央级设立的行政事业性收费，同时对小微企业免征 42 项中央级设立的行政事业性收费。

国务院总理李克强2015年2月25日主持国务院常务会议，羊年伊始直接释放企业减负"大礼包"：一是减税扩围、税费降低，2015年1月1日至2017年12月31日，将享受减半征收企业所得税优惠政策的小微企业范围，由年应纳税所得额10万元以内（含10万元）扩大到20万元以内（含20万元），并按20%的税率缴纳企业所得税，助力小微企业尽快成长；二是2015年4月1日起，将已经试点的个人以股权、不动产、技术发明成果等非货币性资产进行投资的实际收益，由一次性纳税改为分期纳税的优惠政策推广到全国；三是将失业保险费率由现行条例规定的3%统一降至2%，单位和个人缴费具体比例由各地确定。继2015年2月25日国务院常务会议将小微企业所得税减半征税范围由10万元调整为20万元后，2015年8月19日，国务院第102次常务会议决定，自2015年10月1日起，将减半征税范围扩大到年应纳税所得额30万元（含）以下的小微企业。2015年9月2日，财政部和税务总局发布通知，明确了小型微利企业减半征税范围扩大到30万元后具体税收政策规定。

近期国家针对小微企业推出了系列税收优惠政策，在增值税、企业所得税、印花税等方面，小微企业可以享受很大的优惠。优惠一：增值税，2017年12月31日至2020年12月31日，月销售额不超过三万元的小规模纳税人，可享受小微企业暂免征收增值税优惠。2017年12月1日至2019年12月31日，对小型企业、微型企业发放小额贷款取得的利息收入，免收增值税。优惠二：企业所得税，2017年1月1日至2019年12月31日，年应纳税所得额不超过50万元，所得额按50%计入应纳税所得额，同时按20%征收企业所得税。优惠三：印花税，2018年1月1日至2020年12月31日，对小微企业签订的借款合同免征印花税。本书研究整理了近几年部分国家政府部门扶持小微企业发展的政策，如表2-4所示。最新资料显示，2019年1月9日召开的国务院常务会又推出一批针对小微企业的普惠性减税措施，预计每年可再为小微企业减负约2000亿元，措施主要包括五个方面内容：一是大幅放宽可享受所得税优惠的小型微利企业标准，对其年应纳税所得额不超过 100 万元、100 万元到 300 万元的部分，分别减按 25%、50% 计入应纳税所得额，使税负降至 5% 和 10%，这一优惠将覆盖 95% 以上的纳税企业，其中 98% 为民营企业；二是对主要包括小微企业、个体工商户和其他个人的小规模纳税人，将增值税起征点由月销售额三万元提到十万元；三是允许各省（区、市）政府对增值税小规模纳税人，在 50% 幅度内减征资源税、城市维护建设税、印花税、城镇土地使用税、耕地占用税等地方税种及教育费附加等；四是扩展投资初创科技型企业享受优惠政策的范围，使投向这类企业的创投企业和天使投资个人有更多税收优惠；五是为弥补因减税降费形成的地方财力缺口，中央财政将加大对地方一般性转移支付[①]。

表 2-4　国家政府部门扶持小微企业发展的部分政策

相关政策	信息来源	政策发布日期
国家知识产权局《关于知识产权支持小微企业发展的若干意见》	国家知识产权局	2014 年 10 月 8 日
财政部 税务总局关于修改《中华人民共和国增值税暂行条例实施细则》和《中华人民共和国营业税暂行条例实施细则》的决定	财政部	2015 年 6 月 28 日
商务部办公厅关于进一步引导和支持典当行做好中小微企业融资服务的通知	商务部	2015 年 1 月 7 日
商务部 银监会 关于完善融资环境加强小微商贸流通企业融资服务的指导意见	商务部	2014 年 12 月 9 日
商务部关于促进中小商贸流通企业健康发展的指导意见	商务部	2014 年 11 月 28 日
商务部关于加强中小商贸流通企业服务体系建设的指导意见	商务部	2011 年 10 月 27 日
财政部 国家税务总局 关于对小微企业免征有关政府性基金的通知	财政部	2014 年 12 月 23 日
科技部关于进一步推动科技型中小企业创新发展的若干意见	科学技术部	2015 年 1 月 10 日
国务院关于大力推进大众创业万众创新若干政策措施的意见	中国政府网	2015 年 6 月 16 日
国务院关于扶持小型微型企业健康发展的意见	中国政府网	2014 年 11 月 20 日
国务院办公厅关于金融支持小微企业发展的实施意见	中国政府网	2013 年 8 月 12 日

---

① 参见网址：https://news.ifeng.com/c/7jLQRRihxzG。

续表

相关政策	信息来源	政策发布日期
国务院办公厅关于金融支持经济结构调整和转型升级的指导意见	中国政府网	2013年7月5日
国务院关于进一步支持小型微型企业健康发展的意见	中国政府网	2012年4月26日
财政部 工业和信息化部 关于印发《政府采购促进中小企业发展暂行办法》的通知	财政部	2011年12月29日
中国银监会关于支持商业银行进一步改进小企业金融服务的通知	中国银监会	2011年5月25日
中国银监会关于深化小微企业金融服务的意见	中国银监会	2013年3月21日
中国银监会关于进一步做好小微企业金融服务工作的指导意见	中国银监会	2013年8月29日
中国银监会关于支持商业银行进一步改进小型微型企业金融服务的补充通知	中国银监会	2011年10月24日
国家税务总局关于进一步加强小微企业税收优惠政策落实工作的通知	税务总局	2014年10月16日
国家税务总局关于进一步做好小微企业税收优惠政策贯彻落实工作的通知	税务总局	2015年3月13日
国家税务总局关于贯彻落实小型微利企业所得税优惠政策的通知	税务总局	2014年4月22日
国家税务总局关于小微企业免征增值税和营业税有关问题的公告	税务总局	2014年10月11日
中华人民共和国中小企业促进法	中国政府网	2017年9月1日
质检总局关于进一步支持小型微型企业健康发展的意见	质检总局	2015年7月1日
国家税务总局 中国银行业监督管理委员会关于开展"银税互动"助力小微企业发展活动的通知	国家税务总局官网	2015年7月30日
财政部 税务总局 关于延续小微企业增值税政策的通知	财政部网站	2017年10月20日
工商总局关于进一步做好小微企业名录建设有关工作的意见	工商总局	2015年10月20日
中国证监会关于进一步推进全国中小企业股份转让系统发展的若干意见	证监会	2015年11月16日
关于全面推开营业税改征增值税试点的通知	财政部网站	2016年3月23日
关于扩大18项行政事业性收费免征范围的通知	财政部网站	2016年4月20日
国务院办公厅关于加快推进"五证合一、一照一码"登记制度改革的通知	中国政府网	2016年6月30日
工商总局等四部门关于实施个体工商户营业执照和税务登记证"两证整合"的意见	工商总局等四部门	2016年8月29日
国家知识产权局 工业和信息化部印发《关于全面组织实施中小企业知识产权战略推进工程的指导意见》的通知	知识产权局	2016年12月22日

续表

相关政策	信息来源	政策发布日期
国家税务总局 关于贯彻落实进一步扩大小型微利企业减半征收企业所得税范围有关问题的公告	税务总局网站	2015年9月10日
人力资源社会保障部 财政部 关于调整工伤保险费率政策的通知	人力资源社会保障部	2015年7月22日
财政部 国家税务总局 关于金融企业涉农贷款和中小企业贷款损失准备金税前扣除有关问题的通知	财政部	2015年1月15日
工业和信息化部关于印发《国家小型微型企业创业创新示范基地建设管理办法》的通知	工业和信息化部	2016年6月2日
工业和信息化部关于印发《促进中小企业国际化发展五年行动计划（2016~2020年）》的通知	工业和信息化部	2016年8月1日
科技部 财政部 国家税务总局关于印发《科技型中小企业评价办法》的通知	科技部	2017年5月3日
财政部 税务总局 科技部关于提高科技型中小企业研究开发费用税前加计扣除比例的通知	财政部	2017年5月2日
工商总局关于深入推进"放管服"多措并举助力小型微型企业发展的意见	工商总局	2017年5月8日
11部门关于印发大中型商业银行设立普惠金融事业部实施方案的通知	中国政府网	2017年5月23日
财政部 税务总局关于扩大小型微利企业所得税优惠政策范围的通知	财政部	2017年6月6日
中国证监会关于开展创新创业公司债券试点的指导意见	证监会	2017年7月4日
财政部 人力资源社会保障部关于印发《就业补助资金管理办法》的通知	财政部	2017年10月13日
财政部 税务总局关于支持小微企业融资有关税收政策的通知	财政部	2017年10月26日
关于印发《科技型中小企业评价工作指引（试行）》的通知	科技部	2017年10月26日
财政部关于取消、调整部分政府性基金有关政策的通知	财政部	2017年3月15日
国家发展改革委 财政部关于降低电信网码号资源占用费等部分行政事业性收费标准的通知	发改委	2017年6月22日
质检总局关于广泛开展中小企业质量技术服务活动的通知	质检总局	2017年9月1日
财政部 国家发展改革委关于印发《专利收费减缴办法》的通知	财政部	2016年7月22日

第三节 农村小微企业及现状

农村小微企业是广泛存在于我国农村的小微企业的统称,我国农村的基本情况决定了农村小微企业的发展现状。本书的研究主要从农村小微企业的特点及存在的问题两方面介绍其现状。

一、农村小微企业特征研究

韩广明(2012)总结了农村小微企业存在数量多、比重大、经营范围宽、分布广、直接服务于本地市场等十个方面的特征[①]。唐林(2014)认为农村小微企业具有投资主体及组织形式多样化、经营范围多样、信息流通不畅通等七个方面的特点[②]。赵君等(2015)认为农村小微企业集群具有以本地资源为发展切入点、以空间集聚为发展模式、以专业化为发展起点、以地域根植性为发展特色等四个方面的特征[③]。张小英、王金艳(2016)研究了山东省临沂市周边县区农村小微企业,认为农村小微企业发展中的制约瓶颈主要有:产业层次较低、企业主自身素质和知识水平低、招工雇工难、较为单一的融资渠道和较高的利息成本等四个方面[④]。

[①] 韩广明. 农村小微企业人才招聘问题研究 [D]. 杨凌:西北农林科技大学,2012.
[②] 唐林. 农村小微企业电子商务对策研究 [D]. 武汉:华中师范大学,2014.
[③] 赵君,蔡翔,赵书松. 农村小微企业集群的基本特征、发展因素与管理策略 [J]. 农业经济问题,2015,36(1):73-78.
[④] 张小英,王金艳. 农村小微企业发展中的瓶颈及路径选择——以山东省临沂市为例 [J]. 中小企业管理与科技(上旬刊),2016(1):130-131

二、农村小微企业存在问题研究

沈洪根（2016）认为农村小微企业存在的问题主要有：经营成本较高、产品竞争力弱、企业融资难、创新能力弱、优秀人才稀缺等五个方面①。杨小川（2016）认为农村小微企业存在创业者经验不足且创业意愿较低、创业组织原始家族式经营特征显著、创业者与从业者素质参差不齐、创业核心要素不足影响创业质量和经营可持续性等四个方面的创业环境问题②。朱彪（2016）认为农村小微企业发展存在产业层次低、管理制度欠缺、信息不对称、缺乏发展电商的基础条件、市场占有率低等六个方面的问题③。白雪、马丹（2017）认为农村小微企业存在的问题主要有：融资困难、经营者的管理方法有缺陷、缺乏专业人才、缺乏"互联网+"的意识、不清楚国家政策等④。陈博、黄思（2018）对重庆市涪陵区增福乡进行了实地调研，认为融资难与销售难为阻碍小微企业发展的两大制约因素⑤。

我国对于农村小微企业的研究较为欠缺且研究有待进一步深入。结合我国学者对于农村小微企业的特点与存在问题的研究，可以发现，农村小微企业不同于城市小微企业，它们大多建立在我国的乡镇和农村，通常规模比较小，经营的方式主要是对农产品进行养殖、种植以及加工等⑥。要深入地了解农村小微企业内在的本质，首先要从农村小微企业的曾用名——乡镇企业开始入手。城乡二元经济导致了乡镇企业的产生⑦，20世纪90年代末，国家在乡镇企业产权制度改革

---

① 沈洪根. 新时期农村小微企业发展面临的问题与建议 [J]. 现代经济信息，2016（11）：67.
② 杨小川. "双创"背景下农村小微经济发展研究——以农村小微企业为研究对象 [J]. 商业经济研究，2016（12）：169 – 171.
③ 朱彪. "互联网+"背景下农村小微企业发展研究 [J]. 现代商贸工业，2016，37（28）：6 – 7.
④ 白雪，马丹. 浅析农村小微企业的发展状况 [J]. 现代经济信息，2017（17）：65.
⑤ 陈博，黄思. 关于农村小微企业发展现状的调研报告——基于重庆涪陵地区实际情况 [J]. 知识经济，2018（11）：60，62.
⑥ 何萍. 牡丹江地区农村小微企业融资问题研究 [D]. 长春：吉林大学，2016.
⑦ 唐香梅. 民间金融对我国中小企业金融支持的研究 [D]. 长春：吉林财经大学，2013：21 – 26.

方面逐渐加大了力度，乡镇企业才逐渐成为通常所说的农村小微企业，因而有些成立于农村地区的企业逐渐形成了自己的特色，较之其他类型的企业，无论是组织形式、成员结构方面，还是社会地位、经营模式及发展过程等方面都有着较为明显的差别①。随着20世纪90年代我国经济的起飞，城市不断膨胀，农村人口的不断萎缩甚至出现很多农村村落只剩老人小孩留守的现象，由此也产生了很多社会问题。

新华网辽宁频道介绍了葫芦岛农村2018年新增478家小微企业为乡镇改革激发了发展活力的事例。葫芦岛市各乡镇主要领导牵头组建专职招商队伍，挖掘本地特色资源上项目，吸引走出去的本土能人回乡创业，积极促成现有企业提质增效、延伸产业链条。从建昌县谷杖子乡走出去的商人李莹，投资1000万元在下甸子村建起了生产环保设备的公司，预计2018年将实现税收500万元，成为谷杖子乡的重点财源。2018年，葫芦岛市农村新增478家小微企业。其中，工业企业272家，占全部新增企业总数的近六成，同比增长249%。乡镇发展经济蓬勃发展，六成以上招商引资项目实现了当年签约、当年开建、当年投产②。这个事例给了我们解决问题一个很好参考。

如今，工资性收入越来越成为农民收入的重要组成部分，外出就业成了农民增收致富的有效途径。可对于很多农民，特别是山区农民来说，外出就业还存在着不小的困难。有的农民要照顾家里的老人和孩子，"朝九晚五"去企业上班根本不现实；有的农民还种着地，赶上农忙时，上班和农活儿两头不能兼顾。从微观上看，是农村家庭的困难，从宏观上看，则是城市病和农村病，这也是国家提出乡村振兴的原因所在。笔者出身农村，对农村的情况比较了解，本书的研究正是基于这些问题出发——既然小微企业能有效吸纳人口就业，那为什么不可以克服困难通过扶持农村小微企业来带动农村脱贫致富呢？这样村民既能就近就业实

---

① 何萍. 牡丹江地区农村小微企业融资问题研究［D］. 长春：吉林大学，2016.
② 引自新华网：http://www.ln.xinhuanet.com/2018-06/14/c_1122982853.htm。

现高质量的就业，又能促进乡村振兴和解决城市病，一举两得。因此，本书的研究致力于找到促进农村小微企业发展的有效方法，使农村小微企业成为促进农村经济发展、带动村民增收致富的"轻骑兵"。

第三章　大学生就业创业

第一节　大学生就业

一、学者研究

就业是衡量一个国家政治与经济景气的最重要指标，就业使个体心安，家庭稳定，国家安定。大学生就业问题一直是21世纪以来社会持续高度关注的热点问题，这一点单从中国知网的研究文献数量就可见一斑：本书的研究以"大学生就业"为关键词在中国知网进行检索，得到文献数据如图3-1所示。本书重点研究了2011年以来引用次数排名前十的文献，试图对大学生就业情况形成概览。

励骅、曹杏田（2011）通过定量分析指出，对于大学生和就业指导部门来说，关注就业能力比关注就业机会更具有发展和竞争意义，应该更加有意识地加

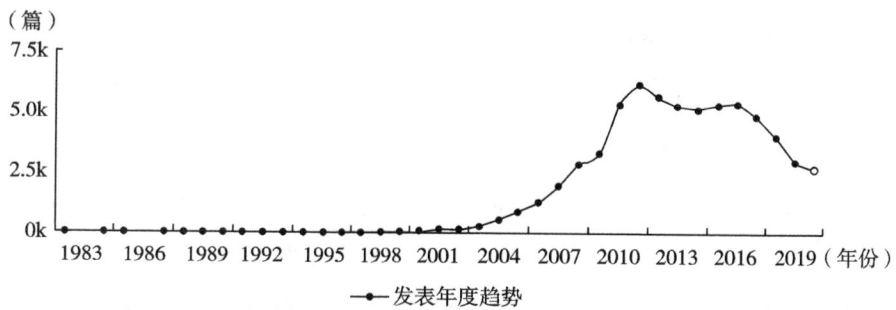

图3-1 大学生就业历年文献数量分布

强事务型心理资本的培养①。乔志宏等(2011)通过对1017名大学毕业生的问卷调查认为,就业能力由适应性、职业认同、人力资本和社会资本组成,且对就业结果存在积极的影响②。那么哪些因素影响大学生的就业能力?朱国玮、黄珺(2011)研究发现扎实的专业知识、适合的自我强度、优良的团队合作意识与能力及较强的社会学习能力是大学生普遍认为的关键因素③,但朱国玮、黄珺的研究同时指出用人单位与应届毕业生对就业能力影响因素的认知存在较大的差异。崔玉姿(2011)对国内外大学生就业能力的文献进行了综述,认为学界对就业能力的概念缺乏共识④。喻名峰等(2012)回顾了2001~2011年十年间研究大学生就业的文献,认为大学生就业影响因素主要有社会资本、人力资本、择业观念、就业储备、就业政策等五个方面⑤。赖德胜等(2012)研究了大学生就业的两大主要因素——人力资本和社会资本,认为这两种因素对于大学生就业同等重

---

① 励骅,曹杏田.大学生心理资本与就业能力关系研究[J].中国高教研究,2011(3):54-56.
② 乔志宏,王爽,谢冰清,王祯.大学生就业能力的结构及其对就业结果的影响[J].心理发展与教育,2011,27(3):274-281.
③ 朱国玮,黄珺.大学生就业能力影响因素研究[J].教育研究,2011,32(8):64-68.
④ 崔玉姿.大学生就业能力的国内外研究综述与问题解析[J].黑龙江高教研究,2011(7):21-24.
⑤ 喻名峰,陈成文,李恒全.回顾与前瞻:大学生就业问题研究十年(2001~2011)[J].高等教育研究,2012,33(2):79-86.

要,前者对大学毕业生的起薪有决定作用,后者对大学生能否进入国有部门工作有决定作用①。李宏彬等(2012)的研究结果表明,父母的政治资本对高校毕业生第一份工作的工资存在显著正向的影响②。孟大虎等(2012)认为,人力资本的宽度和广度影响大学生就业的概率,而人力资本的深度影响大学生就业的质量③。黄敬宝(2012)认为要解决大学生就业问题需要三方面的共同努力,即政府要完善劳动力市场、高校要开展就业能力导向的教育改革、大学生要努力增加人力资本积累④。贾利军、管静娟(2013)研究了大学生就业能力结构,认为就业能力结构由社会兼容度、就业人格和准职业形象三个维度构成⑤。陈迎明(2013)对2003~2013年的影响大学生就业因素研究进行了梳理分析,认为影响大学生就业因素有内部因素和外部因素、单因素和多因素之分,具体包括个人因素、学校因素、社会因素和家庭因素等方面⑥。彭树宏(2014)也研究了大学生就业能力结构,认为包含获得就业和维持就业两个一阶因子和九个二阶因子⑦。沈东华(2014)认为随着时代变化,大学生就业价值取向也发生了变化⑧。潘文庆(2014)对大学生就业价值观进行了进一步研究,发现大学生在薪酬福利、工作稳定性和单位性质等方面的看法对就业质量有显著的负向影响,对职业发展空

---

① 赖德胜,孟大虎,苏丽锋.替代还是互补——大学生就业中的人力资本和社会资本联合作用机制研究[J].北京大学教育评论,2012,10(1):13-31,187-188.

② 李宏彬,孟岭生,施新政,吴斌珍.父母的政治资本如何影响大学生在劳动力市场中的表现?——基于中国高校应届毕业生就业调查的经验研究[J].经济学(季刊),2012,11(3):1011-1026.

③ 孟大虎,苏丽锋,李璐.人力资本与大学生的就业实现和就业质量——基于问卷数据的实证分析[J].人口与经济,2012(3):19-26.

④ 黄敬宝.人力资本、社会资本对大学生就业质量的影响[J].北京社会科学,2012(3):52-58.

⑤ 贾利军,管静娟.大学生就业能力结构研究[J].教育发展研究,2013,33(Z1):51-56.

⑥ 陈迎明.影响大学生就业因素研究十年回顾:2003~2013——基于CNKI核心期刊文献的分析[J].现代大学教育,2013(4):35-44.

⑦ 彭树宏.大学生就业能力结构及其影响因素的实证研究[J].教育学术月刊,2014(6):61-65.

⑧ 沈东华.当前大学生就业价值取向变化及对策探讨[J].黑龙江高教研究,2014(2):123-125.

间、专业对口和兴趣爱好的看法对就业质量有显著的正向影响①。荆德刚（2015）认为新常态经济下行压力增大的形势下解决毕业生就业问题，需要从供给和需求两方面②。高文兵、张尧学（2015）认为大数据时代下大学生作为大数据时代的未来主力军，需要认清大数据时代对人才的需求③。马世洪（2015）从供给侧改革的角度，认为供给与需求割裂、脱节，是大学生就业市场结构性矛盾突出的重要原因，高校需要深化高等教育供给侧结构性改革，实现高等教育由低水平供给向高水平供给的跃升④。曹洪军（2016）也从供给侧改革的角度，认为破解大学生就业难题应强化政府宏观管理职能、完善高校办学自我约束机制，并发挥政府、高校和市场合力⑤。高艳、乔志宏（2016）构建了包含人力资本、社会资本、心理资本和职业认同的大学生就业能力结构模型⑥，如图 3-2 所示。石红梅、丁煜（2017）研究发现，大学生的人力资本和社会资本对其工资水平和就业单位类型产生正向作用，但对就业的满意度则呈负面影响⑦。龚勋、蔡太生（2018）认为，大学生的就业能力包括专业能力、就业人格、准职业形象以及人格兼容度等四个基本维度⑧。

综上所述，2011 年以来研究大学生就业的文献主要集中在以下几方面：一是基于微观角度，探讨大学生就业能力的构成及其对大学生就业的影响；二是基于宏观角度，探讨政府与学校应如何进行改革从而解决大学生的就业难问题。整体而言，大学生就业问题既需要个人素质的提高，又需要政府保障相应的公平竞争机制，同时高校应不断加强教学改革来加强人才培养从而提高大学生就业的适应度。

---

① 潘文庆. 就业价值观对大学生就业质量的影响研究 [J]. 广东社会科学, 2014 (4): 40-46.
② 荆德刚. 新常态视角下的大学生就业形势与任务 [J]. 中国高教研究, 2015 (12): 37-40.
③ 高文兵, 张尧学. 大数据环境下大学生就业创业新前景 [J]. 中国高等教育, 2015 (1): 28-30.
④ 马世洪. 以供给侧改革破解大学生就业市场结构性矛盾 [J]. 中国高等教育, 2016 (10): 15-18.
⑤ 曹洪军. 论大学生就业的供给侧结构性改革 [J]. 学术论坛, 2016, 39 (5): 159-163.
⑥ 高艳, 乔志宏. 大学生就业能力结构及其内部关系: 质的研究 [J]. 中国青年研究, 2016 (11): 93-97, 110.
⑦ 石红梅, 丁煜. 人力资本、社会资本与高校毕业生就业质量 [J]. 人口与经济, 2017 (3): 90-97.
⑧ 龚勋, 蔡太生. 大学生就业能力: 要素、结构与培育路径 [J]. 江苏高教, 2018 (1): 91-94.

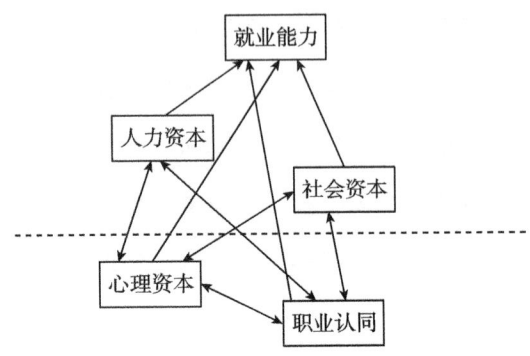

图3-2 高艳、乔志宏构建的大学生就业能力结构模型

二、报告研究

2016年，麦可思研究院在北京梅地亚中心发布了《2016年中国大学生就业报告》（就业蓝皮书），报告显示我国高校毕业人数自2001年来逐年递增，到2016年，达到765万人（当时为预计数字），如图3-3所示。

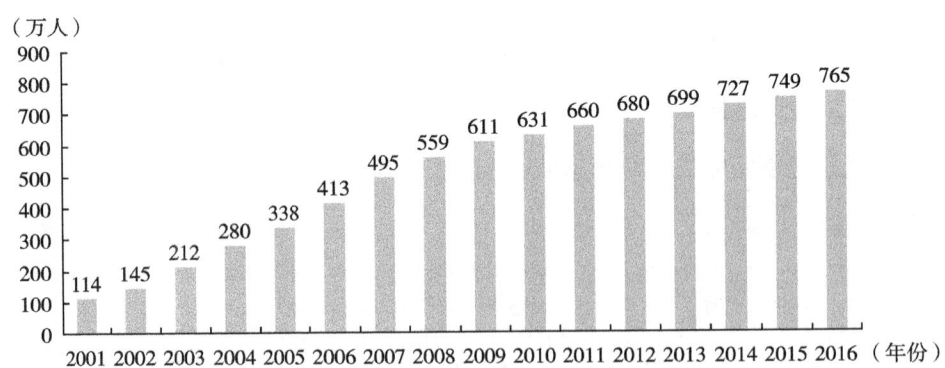

图3-3 2001~2015年全国高校毕业生人数

数据来源：《2016年中国大学生就业报告》。

根据教育部发布的《2017年全国教育事业发展统计公报》①，2017年，我国各类高等院校在校学生人数总规模达到3779万人，高等教育毛入学率达到45.7%，全国共有普通高等学校2631所（含独立学院265所），其中，本科院校1243所，高职（专科）院校1388所，普通高等学校校均规模10430人，其中，本科学校14639人，高职（专科）学校6662人。普通本专科招生761.49万人，本专科在校生2753.59万人，具体数据如表3-1所示。

表3-1 普通专本科人数情况

	毕业生数（人）	招生数（人）	在校在数（人）
普通本专科	7358287	7614893	27535869
其中：本科	3841839	4107534	16486320
专科	3516448	3507359	11049549

2018年1月，《2016~2017年中国大学生就业创业发展报告》在东北师范大学发布。该报告采用分层随机抽样和立意抽样相结合的方法，根据不同区域高校数量、不同学科招生人数、毕业生比例等，确定本次调研样本。报告内容分为大学生就业发展报告、大学生创业发展报告两大方面。就业单位方面，毕业生最青睐的是：国有企业、信息、制造、金融行业、东部沿海地区工作。报告显示，就业人数排在前三位的行业依次是"信息传输、软件和信息技术服务业""制造业""金融"，比例分别是12.62%、11.47%和10.11%。国有企业是毕业生的首选，有31.6%的毕业生理想单位选择国有企业；但是民营企业吸纳毕业生人数最多，有38.95%的毕业生在民营企业就业。毕业生选择在沿海地区就业的人数最多，比例为65.04%；排名前三位的就业区域依次是东部沿海、南部沿海、北部

---

① 引自教育部网站：http://www.moe.gov.cn/jyb_sjzl/sjzl_fztjgb/201807/t20180719_343508.html。

沿海，比例分别是 24.38%、21.29% 和 19.37%。超过七成毕业生对就业结果表示满意；从学校类型分析，985 高校、211 高校、其他本科院校毕业生就业满意度分别是 78.24%、76.83% 和 74.81%；从学历分析，研究生、本科生的就业满意度分别是 77.9% 和 75.72%；从学科门类分析，满意度最高的学科是教育学，满意度为 80.65%。在月薪方面，2017 届毕业生期望月薪主要集中在 5000 元至 6000 元之间，实际月薪为 4820 元。医学专业毕业生对就业、职业期待匹配度最高。有 72.36% 的 2017 届毕业生认为就业与专业相匹配，从学科门类分析，专业匹配度前三位的学科是医学、教育学和经济学，专业匹配度分别是 79.31%、77.2% 和 73.96%；有 75.19% 的应届毕业生认为就业与职业期待相吻合，从学科门类分析，职业期待吻合度最高的是医学、教育学和工程学，分别是 88.12%、84.74%、81.36%。问题解决能力为最重要的就业能力，2017 届毕业生认为，最重要的就业能力依次是问题解决能力、团队合作能力、学习能力、实践能力、职业责任感；最需要具备的就业能力分别是积极乐观、团队合作能力、敬业精神、人际交往能力、学习能力。男生更期待薪酬，女生更期待稳定。2017 届毕业生在选择就业单位时最看重的因素排在前五位的依次是发展前景、薪酬待遇、兴趣爱好、工作稳定、工作地点，比例分别是 46.34%、20.91%、9.39%、7.61%；关注因素排在后面的是劳动强度、单位名气、专业对口和家人意见，比例均不超过 5%。其中，男性毕业生在薪酬待遇方面的关注明显高于女性毕业生（男 23.52%，女 18.51%），女性毕业生在工作稳定（女 10.70%，男 5.22%）和工作地点（女 9.21%，男 5.36%）方面的关注明显高于男性毕业生。校园招聘会为主要获取就业信息渠道：校园招聘会、学校发布的招聘信息和各类招聘网站是 2017 届毕业生获取就业信息的主渠道，比例分别是 40.03%、15.89% 和 11%。2017 届毕业生签约人数最集中的三个月依次是 2016 年 11 月、2017 年 6 月、2016 年 10 月，比例分别是 14.15%、13.88%、11.74%。超八成的毕业生对学校的就业指导课程表示满意；超九成的学生在大学期间接受过就业指导课程教育。

2018年6月,麦可思研究院在京发布《2018年中国大学生就业报告(就业蓝皮书)》,报告指出,在2017届大学毕业生中,有78.7%的人毕业半年后受雇全职或半职工作,2.9%的人自主创业,0.4%的人入伍;有10.8%的人升学,其中7.0%正在国内读研,1.1%正在港澳台地区及国外读研,2.7%正在读本科;有7.2%的人处于失业状态,其中1.4%准备国内外读研,3.4%准备继续寻找工作,还有2.4%放弃了继续求职和求学。2017届大学生毕业半年后"受雇全职工作"的比例(77.1%)与2016届、2015届(分别为77.3%、77.4%)基本持平。就业专业方面,2017届本科毕业生半年后就业率最高的学科门类是工学(93.5%),其次是管理学(93.2%),最低的是法学(85.3%)。就业率排前三位的专业是软件工程(96.7%)、能源与动力工程(95.8%)、电气工程及其自动化(95.6%);就业满意度方面,2017届大学毕业生的就业满意度为67%,比2016届(65%)高2个百分点;薪资收入方面,2017届大学毕业生的月收入(4317元)比2016届(3988元)增长了329元,比2015届(3726元)增长了591元;就业相关度方面,2017届大学毕业生的工作与专业相关度为66%,与2016届(66%)持平。其中,本科和高职高专院校2017届毕业生的工作与专业相关度分别为71%、62%,均与2016届(分别为70%、62%)基本持平。在本科院校中,"双一流"院校2017届毕业生的工作与专业相关度为73%,非"双一流"本科院校2017届毕业生的工作与专业相关度为70%。2018年本科就业红牌专业包括:绘画、化学、美术学、音乐表演、法学、历史学;黄牌专业包括:生物技术、生物工程、应用心理学、广播电视编导、生物科学。2018年本科就业绿牌专业包括:信息安全、软件工程、网络工程、物联网工程、数字媒体技术、通信工程、数字媒体艺术。报告认为,出现红、黄牌专业的原因既可能是供大于求,也可能是培养质量达不到岗位需求,而这是导致大学毕业生找不到工作与企业招不到人才的原因之一。

第二节 大学生创业

一、学者研究

创业是一种更高层次的就业活动,也是诸多年轻人心中理想的就业形式。从学者的研究热度来看,大学生创业今后也必将是学者们持续研究的热点。本书的研究以"大学生创业"为关键词在中国知网进行检索,得到文献数据如图3-4所示。本书重点研究了2011年以来引用次数排名前十位的文献。

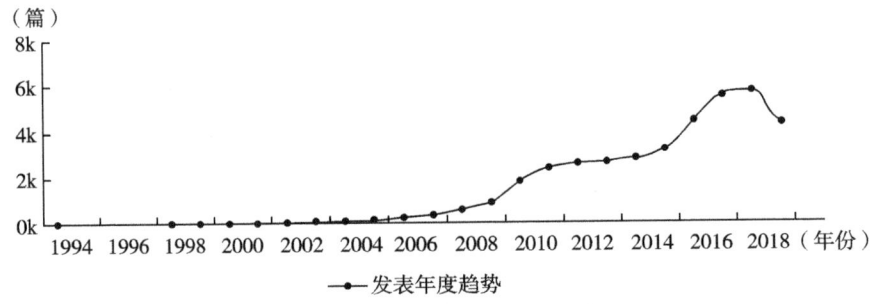

图3-4 大学生创业历年文献数量分布

创业动机是激发、维持、调节人们从事创业活动,并引导创业活动朝向某一目标的内部心理过程或内在动力。国内外学者在分析研究创业意向的有关因素时,很早就意识到要注重理论模型的构建,认为应该发展规范统一的、能够科学解释各类影响因素的概念框架以解释研究中最基本的"为什么"问题。当前,有两种影响较大、得到广泛遵循和应用的创业意向理论模型:一种是 Shapro 和 Sokol 提出的"创业事件模型",另一种是 Ajzen 主张的"计划行为模型"。本书主要在创业动机和创业意向方面对大学生创业因素进行综述。

刘敏等（2011）从性别角度研究了大学生的创业意向问题，其研究应用陕西九所高校2010名大四毕业生的调查数据，发现大学生的创业意向存在显著的性别差异，男大学生的创业意向水平显著高于女大学生。此外，刘敏、陆根书的研究认为，创业意向的影响因素还包括大学生就读高校类型、创业经历、家庭所在地、父亲的受教育程度、朋友创业经历、亲朋支持、个人冒险倾向、创新导向、个人控制、个体创业自我效能感以及创业环境中社会评价等[1]。冯磊等（2011）通过对在校240位大学生进行问卷调查，认为大学生创业技能各要素与其创业意愿均显著正相关。其中，风险承担能力、社交能力、自制能力、团队协作能力、创新能力、战略能力和承诺能力是影响大学生创业意愿的关键技能要素[2]。向春、雷家骕（2011）研究了清华大学的大学生创业问题，发现清华大学学生创业态度与创业倾向显著正相关；性别、专业、是否独生子女、成长环境、学历、创业竞赛经历及获奖情况、创业活动经历、父母职业、成长地域等因素，都会影响其创业态度和创业倾向[3]。彭正霞等（2012）对西安市九所不同类型高校2010名大学本科毕业班学生进行了调查，认为大学生的创业态度、感知的主观规范、创业自我效能、创业能力和创业经历等个体因素对其创业意向具有显著的直接或间接影响，与社会环境因素相比，个体因素对学生创业意向的解释力更大[4]。陈文娟等（2012）通过实证研究认为大学生创业意愿是一种复杂的决策行为，不仅受到创业环境的影响，而且更大程度上决定于创业态度，而创业态度受创业者的

---

[1] 刘敏，陆根书，彭正霞．大学生创业意向的性别差异及影响因素分析［J］．复旦教育论坛，2011，9（6）：55-62.
[2] 冯磊，曹英，王蕊．创业技能教育对大学生创业意愿的影响研究［J］．企业经济，2011，30（3）：75-80.
[3] 向春，雷家骕．大学生创业态度和倾向的关系及影响因素——以清华大学学生为研究对象［J］．清华大学教育研究，2011，32（5）：116-124.
[4] 彭正霞，陆根书，康卉．个体和社会环境因素对大学生创业意向的影响［J］．高等工程教育研究，2012（4）：75-82.

人格特质以及创业认知影响,而且主要由创业认知决定,创业认知与创业特质的精髓是创业精神,塑造和培养大学生创业精神是推进大学创业教育实践的关键环节①。王辉、张辉华(2012)通过问卷研究发现大学生创业能力主要由机会把握力、创业坚毅力、关系胜任力、创业原动力、创新创造力、实践学习力、资源整合力七个维度构成②。乐国安等(2012)研究认为当代大学生的创业意向在性别、奖学金获得次数、学生干部经历、出生地上均存在一定差异,大学生主客观条件中的性别、学校性质、创业兴趣、创意能力改善对创业意向有显著影响③。王一涛等(2013)通过对国内四所学校近500名在读大学生的调查统计分析,得出大学生创业倾向与地域、专业、经管知识、创业大赛经历、企业家精神等存在明显相关关系④。高桂娟、苏洋(2013)构建了由专业能力、方法能力与社会能力组成的大学生创业能力的三维结构图⑤,如图3-5所示。陆根书等(2013)通过实证研究提出个体/心理因素、家庭背景因素、学校教育因素和社会环境因素对大学生的创业意向均具有一定的解释能力,但各因素的解释能力存在较大差异,首先个体/心理因素对大学生创业意向的解释能力最大,其影响也最稳定,其次是社会环境因素,再次是学校教育因素,最后是家庭背景因素的影响则最小⑥。肖璐、范明(2013)通过对2533份样本数据研究发现,社会网络的构成维度(即网络顶端、网络规模、网络差异)对大学生创业动机的影响如下:网

---

① 陈文娟,姚冠新,徐占东. 大学生创业意愿影响因素实证研究 [J]. 中国高教研究,2012(9):86-90.
② 王辉,张辉华. 大学生创业能力的内涵与结构——案例与实证研究 [J]. 国家教育行政学院学报,2012(2):81-86.
③ 乐国安,张艺,陈浩. 当代大学生创业意向影响因素研究 [J]. 心理学探新,2012,32(2):146-152.
④ 王一涛,王磊,李文杰. 个人背景和企业家特质对大学生创业倾向的影响分析 [J]. 高等工程教育研究,2013(4):98-102.
⑤ 高桂娟,苏洋. 大学生创业能力的构成:概念与实证 [J]. 高教发展与评估,2013,29(3):27-35,123.
⑥ 陆根书,彭正霞,康卉. 大学生创业意向及其影响因素研究——基于西安市九所高校大学生的调查分析 [J]. 西安交通大学学报(社会科学版),2013,33(4):104-113.

络顶端对大学生生存型、发展型创业动机均产生负向作用,网络差异对生存型创业动机产生负向作用而对发展型创业动机产生正向影响,生存型动机较强是我国大学生创业的重要特征,也是其成功率低的重要原因之一[①]。刘志(2013)将大学生创业意向结构归纳为包括创业行为倾向、创业希求性和创业可行性三个维度,其研究还指出大学生创业意向受其所处环境的影响,独生子女创业意向水平显著高于非独生子女,有家人从商的学生的创业意向水平显著高于没有家人从商的学生,有创业经历学生的创业意向水平明显高于无创业经历的学生,且明显高于全国总体水平,此外,接受创业教育的程度、大学生所处年级和专业、高校类型都是影响大学生创业意向的重要影响因素[②]。姚毓春等(2014)研究发现大学生创业的时间起点在大学期间最多(占64%),其次是毕业后先就业后创业,其研究认为大学生创业者应该在准确把握宏观形势和行业规律的基础上利用自身优势,选择适合自我发展的创业模式[③]。徐建伟、唐建荣(2014)认为大学生创业意愿来自其对未来创业的期待,分为物质和精神层面的满足,如财富的获得、接受挑战及成功带来的喜悦、独立和自由的境地、自我价值的实现等,正是这样的因素维系着大学生的创业意愿,其中精神方面的需求更大[④]。杨道建等(2014)将大学生创业能力划分为机会发掘能力、组织管理能力、战略决策能力、资源整合能力、创新创造能力和挫折承受能力六个维度[⑤]。潘文庆、杨丽(2014)将影响大学生创业意识的因素分为三大类:外部影响、创业者个人背景、创业者的心理行为特征[⑥]。李闻一、徐磊(2014)通过实证研究认为在新创企业准备阶段,

---

[①] 肖璐,范明. 家庭社会网络对大学生创业动机的影响机制研究 [J]. 中国科技论坛,2013 (2): 134 – 138,146.
[②] 刘志. 大学生创业意向结构及其现状的实证研究 [J]. 教育发展研究,2013,33 (21): 35 – 40.
[③] 姚毓春,赵闯,张舒婷. 大学生创业模式:现状、问题与对策——基于吉林省大学生科技园创业企业的调查分析 [J]. 青年研究,2014 (4): 84 – 93,96.
[④] 徐建伟,唐建荣. 大学生创业行为触发机理研究 [J]. 科技进步与对策,2014,31 (20): 141 – 145.
[⑤] 杨道建,赵喜仓,陈文娟,朱永跃. 大学生创业能力结构的理论分析与实证检验 [J]. 科技进步与对策,2014,31 (20): 151 – 155.
[⑥] 潘文庆,杨丽. 大学生创业意识影响因素研究综述 [J]. 高教探索,2014 (5): 173 – 177.

对大学生创业行为影响最大的三个因素分别是企业社会实践、家庭背景、创业管理理论课程,在新创企业成长阶段,影响最大的三个因素分别是新技术变革、经营管理能力、进取意识和竞争对手①。高静等(2014)认为创业者特质是影响大学生创业倾向的最主要因素,创业态度在调节个人背景对创业倾向的影响中发挥完全中介作用,内生性的创业态度影响大学生创业倾向,外生态度不明显,家庭环境、学校环境对大学生创业影响显著,社会环境不显著②。陈文娟(2015)以江苏高校大学生为例研究了大学生创业动机影响因素,认为影响大学生创业动机的前三位关键因素是机会识别能力、政策支持和成就事业水平,其中市场机会识别是大学生创业的最主要驱动因素,政策支持是大学生创业的外部支撑,成就事业水平是大学生创业者最鲜明的个性特征③。李小玲等(2015)通过文献研究发现,影响大学生创业意向的因素主要有两种:一种是个人层面的主体因素,主要包括创业特质、个体背景等,另一种则是社会层面的环境因素④。陈权、尹俣潇(2015)研究发现大学生创业自我效能感处于中等偏上水平;男大学生的创业自我效能感要显著高于女大学生;不同年级、不同专业之间创业自我效能感整体上无显著差异;情商、创业经历、创业课程培训和性别对大学生创业自我效能感有显著影响⑤。金昕(2016)通过文献研究建立了大学生创业能力结构模型图⑥,如图3-6所示。李小玲等(2016)归纳了"互联网+"的开放共享、跨界融合、

---

① 李闻一,徐磊. 基于创业过程的我国大学生创业行为影响因素研究[J]. 科技进步与对策,2014,31(7):149-153.
② 高静,贺昌政,刘娇. 基于SEM模型的大学生创业倾向影响因素研究——来自重庆的实证数据[J]. 教育发展研究,2014,34(1):57-62.
③ 陈文娟. 大学生创业动机影响因素——以江苏省高校大学生为例[J]. 中国科技论坛,2015(9):138-142.
④ 李小玲,何桂美,叶平浩. 大学生创业意向影响因素研究评述[J]. 学习与实践,2015(6):45-51.
⑤ 陈权,尹俣潇. 大学生创业自我效能感及影响因素实证研究[J]. 高校教育管理,2015,9(6):115-120.
⑥ 金昕. 当代大学生创业能力结构及其现状的实证研究[J]. 东北师大学报(哲学社会科学版),2016(3):204-209.

互联互通、用户导向、信任关系等主要特征，探讨了其对创新创业生态环境的影响，指出用户需求、产品技术、团队素质、平台资源和政策扶持是影响大学生互联网创业意向的几个重要因素①。钟云华等（2016）通过问卷研究发现性别、创业经历、社会实践、亲朋创业、家庭支持与创业教育对大学生创业意愿有显著正向影响，家庭所在地、家庭收入、专业、学校层次与创业政策的影响不显著②。钟云华、罗茜（2016）进行了实证分析，其研究结果表明，超过半数的大学生创业能力得分达不到"及格线"，创业能力偏低；"性别""家人或亲戚创业""家庭积蓄支持"与"创业课程"是大学生创业能力的主要影响因素③。李巍等（2017）研究认为理工科大学生创业能力模式开发包含机会洞察能力、方案配置能力、团队管理能力和资源整合能力四个方面④。李亚员（2017）根据自编《当代大学生创业状况调查问卷》对16个典型城市4935位大学生创业者进行了调查，并根据调查结果制定了大学生创业现状主要调查数据一览表⑤，如表3-2所示。施生旭、姚翠岚（2018）对以闽台十所高校大学生1174份调查数据进行了分析，发现大学生创业行为的主观规范、知觉行为控制、创业态度两两之间均存在显著正相关关系；大学生创业行为的知觉行为控制直接对创业意愿产生显著影响；大学生创业行为的主观规范与创业态度通过影响大学生创业的知觉行为控制间接对创业意愿产生影响；福建省大学生创业行为的主观规范、行为态度、知觉行为控制与创业意愿之间影响的相关程度超过台湾高校创业行为⑥。陈国军（2018）从新媒体的角度出发，认为新媒体既对高校大学生创业提出了新要求，

---

① 李小玲，叶平浩，余丽君."互联网+"时代大学生创业的机遇及影响因素分析［J］.学习与实践，2016（5）：82-85.
② 钟云华，吴立保，夏姣.大学生创业意愿的影响因素及其激发对策分析［J］.高教探索，2016（2）：86-90.
③ 钟云华，罗茜.大学生创业能力的影响因素及提升路径［J］.现代教育管理，2016（3）：124-128.
④ 李巍，席小涛，王阳.理工科大学生创业能力结构模型与培育策略［J］.现代教育管理，2017（10）：79-85.
⑤ 李亚员.当代大学生创业现状调查及教育引导对策研究［J］.教育研究，2017，38（2）：65-72.
⑥ 施生旭，姚翠岚.闽台大学生创业意愿影响因素比较研究［J］.高教探索，2018（4）：65-70.

又加速和助推大学生创业机会能力、创业团队能力和创业资源能力的形成①。祝军、岳昌君（2019）基于2017年全国高校毕业生就业状况抽样调查数据研究发现，高校毕业生的性别、就业地区、家庭背景和人力资本对于其自主创业行为存在显著影响；其中，性别、户口、家庭社会关系等因素，以及人力资本中的学科门类、学校类型、学生干部经历、计算机证书和职业资格证书等因素对高校毕业生自主创业的影响较大②。

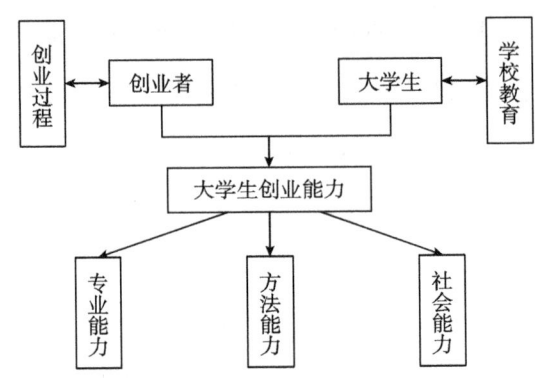

图3-5　高桂娟、苏洋构建的大学生创业能力结构图

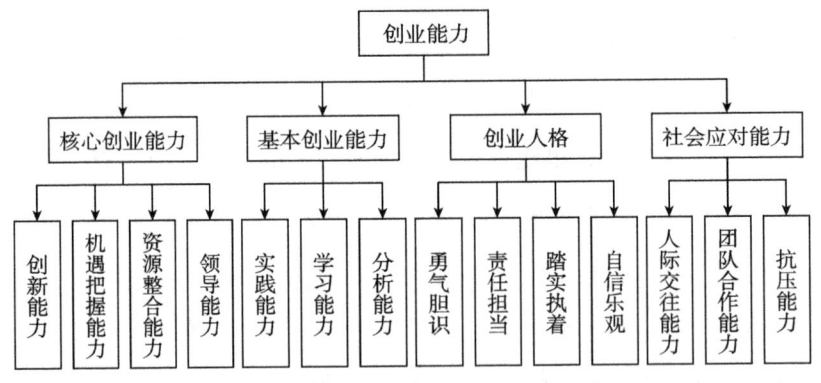

图3-6　金昕提出的大学生创业能力结构模型

---

① 陈国军. 新媒体时代高校大学生创业能力培养：要素整合的视角［J］. 现代教育管理，2018（2）：66-70.

② 祝军，岳昌君. 家庭背景、人力资本对高校毕业生自主创业行为的影响关系研究——基于2017年高校毕业生就业状况调查的实证分析［J］. 中国青年研究，2019（1）：107-113.

表3-2 李亚员制定的大学生创业现状调查的主要数据一览表

创业者的结构（%）	男	女	"985工程""211工程"高校	普通本科	其他高校	成绩优异	生源地为县城以下	有学生干部经历	父母为普通工人等
	55.26	44.74	44.19	38.12	17.69	74.53	54.65	72.62	80
选择创业的原因（%）	朋友带动	个人理想	项目激发	提高收入	家庭支持	遇到商机	未能就业	学校支持	其他
	20.82	18.5	17.12	11.54	10.46	10.31	6.71	3.8	0.74
创业行业选择（%）	IT业	文体娱乐	批发零售	租赁商务	制造业	科研	住宿餐饮	教育	生产供应
	18.54	14.64	11.53	8.41	8.1	6.31	4.98	4.6	4.28
创业能力重要性（%）	领导能力	机遇把握	创新能力	资源整合	团队合作	人际交往	抗压能力	实践能力	学习能力
	16.46	15.38	14.37	11.05	7.79	7.65	5.75	5.45	5.04
创业知识来源（%）	亲身实践	创业讲座	创业课程	同学朋友	家庭环境	媒体宣传	有关书籍	创业培训	其他
	22.81	20.62	15.01	11.73	10.36	9.95	7.73	1.71	0.08
创业教育满意度（%）	创业项目	创业竞赛	创业课程	孵化器	创业师资	创业讲座	创业氛围	创业实践	创业基金
	15.25	13.96	10.32	9.92	9.74	8.34	6.68	6.65	6.51
创业教育形式偏好（%）	企业实习	创业园	KAB教学等	创业大赛	创业社团	创业课程	企业家讲座	专家讲座	其他
	22.99	17.96	12.79	12.12	10.85	10.17	6.71	6.03	0.33

本书的研究从大学生创业的动机、意向及能力等方面对2011年来引用次数较高的期刊文献进行了分析，从创业动机、创业意向及创业能力来看，大学生自身的素质是内因，而大学生的家庭环境、社会资源等也产生重大影响。创业教育中，我们主要是从提高大学生自身素质的角度出发，提高大学生的创业胜任力，从而提高大学生创业的成功率，但创业的大学生也须从其他因素对创业条件进行衡量，从而减少创业的失败率。当前，学界较为提倡的一种方法是，政府与学校及其他组织共同搭建大学生创业生态系统，从而使大学生在这

一系统中自身得到普遍强化。构建大学生创业生态系统的模式是多种的，从国际上看，多是市场自发行为，但从我国大学生创业来看，大学和政府起了很大的作用。平台型企业与高校的深度战略合作，基于人才战略需求的创新创业实践型人才培养，以及"企业大学"与高校面向社会的创新创业办学等举措是创新创业教育实践的重点领域。目前，中国高校已逐步形成了若干个具有代表性的创业生态系统模式，包括以高校为核心、辐射所在区域，涵盖政府、企业、资本、社区（园区）等创新创业主体的创业生态系统；基于高校创新创业活动构建的国家级大赛平台；投资人和投资机构为服务大学生创业建立的"自组织系统"等。

随着中国高校创新创业教育的持续推进，中国高校走出国门与国际一流创业教育机构及社会组织加强了在课程共享、师资交流、学术研究、联合孵化等领域的多方面、全方位合作。创新创业教育正在深度融入高校人才培养体系，与此同时，高校创新创业教育活动还从过去各高校的单打独斗行为向联盟化方向发展，并涌现出一批具有较大影响力的全国性创新创业教育合作组织，中国高校创新创业教育呈现出百花齐放的景象。

二、报告研究

2011年3月，中国青少年网络协会联合中国传媒大学调查统计研究所、中国青年网、中国共青团网和腾讯网教育频道共同发布了《全国大学生创业调研报告》①，本次调查范围是在校或已经毕业的大学生，调查问卷发放采用网络调查的方式，共回收有效问卷4551份。报告显示，多数受访者（81.5%）对创业"有兴趣"（包括"很有兴趣"和"较有兴趣"），接近半数的受访者（49.1%）打算"自己创业"或"和朋友共同创业"。"家庭""朋友"和"传媒"对创业

---

① 引自网站：http://edu.qq.com/zt2011/survey/。

想法的影响相对最大（分别为 30.0%、24.2%、21.0%）。创业动机方面，更多的受访者认为通过自主创业能"实现自我价值"（72.1%）、"自由享受人生"（65.8%）和"实现理想"（59.9%）。但对于应届毕业生的创业行为，存在着矛盾的认识，既认为"是对人生规划的实施"（46.9%），又同时被看作"是就业环境造成的无奈"（37.5%）；创业影响因素方面，"资金""人脉关系""市场环境"和"社会阅历"，被认为是影响创业最主要的客观因素（分别为 83.3%、67.4%、47.0%、46.1%），而"市场意识""创新精神""责任感"和"合作意识"，被认为是影响创业最主要的主观因素（分别为 67.2%、51.0%、47.9%、44.3%）。此外，对创业有兴趣的大学生被问到对创业的兴趣从何时开始，结果如图 3-7 所示。创业想法主要来源于家庭影响，如图 3-8 所示。在创业之前应有的准备（多选），如图 3-9 所示。开始创业时启动资金的最佳筹集方式（多选）如图 3-10 所示。

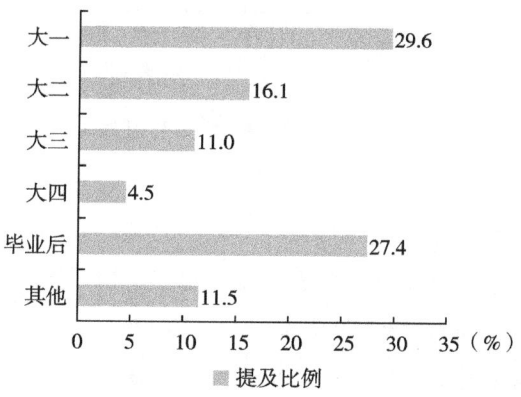

图 3-7 创业兴趣开始时间分布

数据来源：《大学生创业调研报告》。

2015 年，《蓝桥大学生创业报告》发布，报告以分布在全国 91 所城市、蓝桥杯大赛前四届 1332 个参赛创业团队为样本进行了调查。调查显示，65% 的受访

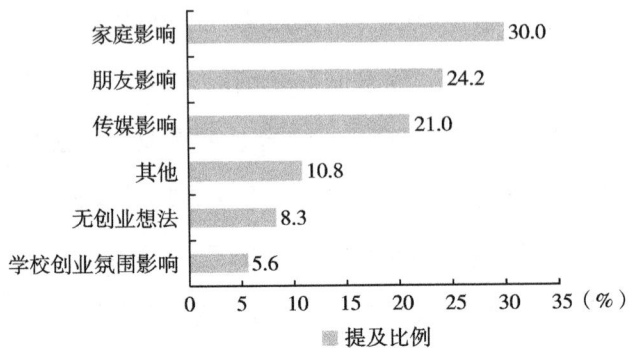

图 3-8 创业想法的影响因素

数据来源:《大学生创业调研报告》。

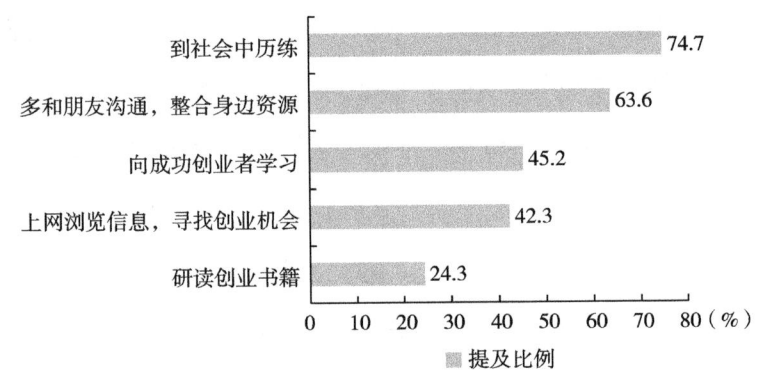

图 3-9 创业之前应有的准备(多选)

数据来源:《大学生创业调研报告》。

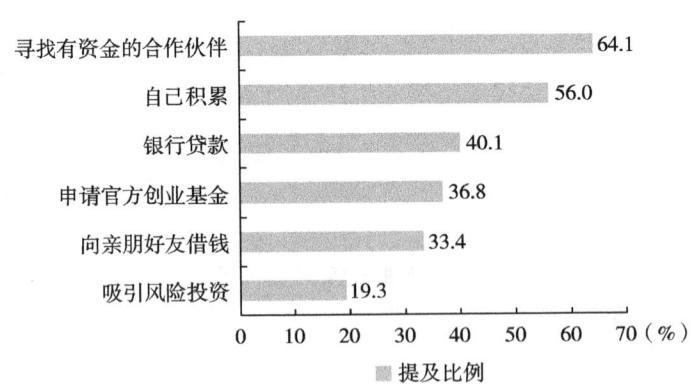

图 3-10 开始创业时启动资金的最佳筹集方式(多选)

数据来源:《大学生创业调研报告》。

者处于就业状态，30%的学生处于求学阶段，5%的学生处于创业阶段。在对已经就业人群的进一步调查显示，有近30%的学生加入到创业型公司就业。对目前就业和创业的人群调查显示，60%的受访者表示机会合适会去创业，还有24%的人考虑过创业，只有16%的人完全没有考虑过创业。36%的受访者毕业后没有选择创业的原因是认为自己经验不够。64%的受访者认为所学专业对创业帮助很大。40%的受访者认为，参加创业大赛对他们有很大的影响，48%的受访者认为，参加创业大赛对他们有影响，帮助他们了解了创业的技巧和手段。

中国人民大学2016年12月28日发布《2016中国大学生创业报告》，报告基于一项覆盖全国31个省份1767所高校43万多名在校生和毕业生的大规模问卷调查撰写，由中国人民大学创业学院和商学院联合编纂发布。报告认为，我国高校双创教育的产生与发展历程，大致经历了四个阶段：创新创业教育的引入试点阶段（1998~2002年）；创业教育与职业发展的对接阶段（2002~2008年）；支持国家双创战略、双创教育的全面实践阶段（2008~2012年）；扎实推进双创教育深度发展的实践阶段（2012年至今）。调查结果显示，有89.9%的在校大学生考虑过创业，18.2%的学生有强烈的创业意向。参与调查的43万余名学生中，约12万人正在创业或曾有过创业经历；餐饮、农业、信息产业、运输、教育、文化等行业是大学生创业的主要领域，其中超两万名创业者集中在住宿餐饮和农林牧渔行业，占比近28%；近九成大学生认为高校创业教育对创业活动有一定的促进作用，"优先转入创业项目相关专业"成为最受大学生欢迎的创业鼓励政策。

2017年，广州大学广州发展研究院发布了《2016年中国社会形势分析与预测》蓝皮书，其中关于广州大学生创业的调查报告显示，广州毕业大学生创业人数占比不超2%，五成大学生创业选择批发零售业。广州市高校毕业生就业指导中心数据显示，2014年广州地区普通高校毕业生人数为25万，创业人数比例约为0.3%；广州生源高校毕业生人数为5.1万，创业人数比例在1%左右。从总体来看，由于批发零售业进入门槛相对较低，选择批发零售业作为创业行业的毕业大学生较多。在调查的126家企业中就有63家为批发和零售业，占比为50.0%。此外，调查的企业中有15家属于科学研究和技术服务业，占11.9%，居第二；租赁和商务服务业，信息传输、软件和信息技术服务业也较多，分别有11家和10家，占8.7%和7.9%。报告认为，当前大学生创业，主要遇到融资难、缺乏实操性的创业指导等问题。创业资金不足，融资较为困难成为毕业大学生创业时一道难以逾越的门槛。从调研情况来看，大部分毕业大学生在创业初期都是自筹经费或是从家庭、家族获得创业经费。广州市高校毕业生就业指导中心相关资料显示，只有10%左右的创业大学生能从商业渠道或者人际资本中获得资金支持。在以后的创业发展中，只有大约20%的创业企业能得到新资金的支持，包括银行贷款、风险投资、创业相关基金等。有关专家表示，虽然大学生可以通过银行贷款和风险投资这两种途径获得创业资金，但在申请创业贷款及寻求风险投资的过程中仍会遇到很多困难。

2018年1月，《2016～2017年中国大学生就业创业发展报告》在东北师范大学发布。该报告采用分层随机抽样和立意抽样相结合的方法，根据不同区域高校数量、不同学科招生人数、毕业生比例等，确定本次调研样本。报告显示，创业者六成以上学习成绩优良，92.77%的创业者有社会实践经历，83.83%的创业者有学生干部经历。大学生创业者认为，最重要的四项创业能力分别是责任担当、实践能力、团队合作能力、资源整合能力；在对自身创业能力评分中，责任担当、自信乐观、踏实执着、学习能力是大学生创业者自身评分较高的创业能力。大学生创业者认为影响创业成功的主观因素主要是合作意识、创新精神、责任感，影响创业成功的客观条件是资金、市场环境、人脉关系。创业最担心"承担创业风险"：2017届毕业生关于创业最担心的前三项依次是"承担创业风险""缺乏好的项目与创意"和"创业与学业存在的矛盾"。有超八成以上的大学生表示能够积极对待创业失败，半数以上的大学生表示能够客观认识创业风险。在创业行业分布中,排名前三的依次是"信息传输、计算机服务与软件业""教育业"和"文化、体育和娱乐业",所占比例分别为12.41%、10.65%和10.58%。大学生创业者想法主要来源是社会实践、学校教育和家庭因素;大学生创业者决定创业的直接原因是有好的创业项目、想抓住好商机和参与朋友的创业项目。近半数创业者企业年利润可达十万,43.67%的大学生创业者表示所创企业处于盈利状态,其中81.51%企业的年利润在十万元以下;52.01%的企业员工平均年收入在三万元至五万元之间。报告表明大学生最需要创业基金支持:33.68%的大学生创业者了解近年来国家为支持大学生创业制定的相关政策,42.89%的大学生创业者认为当前大学生创业的社会环境较好。大学生创业者最需要的创业帮扶措施主要是创业基金、创业孵化基地和小额贷款及税收减免。

2018年1月,由中国人民大学牵头,北京师范大学、上海交通大学等30余家高校、企业和社会组织联合跟踪调查的《2017年中国大学生创业报告》近日发布。根据报告,近年来大学生创业愿望强烈,近九成大学生考虑过创业,26%的在校大学生有较强的创业意愿,与2016年相比,上升了8个百分点,其中有3.8%的学生表示一定要创业。值得注意的是,对于创业驱动力,报告显示,"赚钱"其实并非大学生创业的首要驱动力,而是"自由工作的生活方式",这个比例甚至占到了31%。与2016年相比,餐饮、农业、信息技术、运输、教育、文化等行业仍是大学生创业的主要领域。其中,住宿餐饮、消费电商成为大学生创业的主战场,中国人民大学商学院院长、创业学院副院长毛基业认为,这与我国当前"互联网+"和消费升级趋势相吻合。报告指出,资金不足依然是大学生创业的最主要障碍,大学生创业者的资金渠道来源少,主要靠自筹。值得注意的是,大学生创业者反映,创业失败者团队因素的比重有了明显提高,已经排在第二位。报告表明目前只有54%的高校对创业教育满意度实施了跟踪调查[①]。毛基

---

① 引自网站:https://www.sohu.com/a/218190405_719687。

业认为，这说明高校对于创业课程重开设、轻闭环改进流程，广大高校有必要加强对创业课程教育质量的跟踪分析和持续改进，提供更为丰富而实用的创业课程和创业教育。

2018年6月，麦可思研究院在京发布《2018年中国大学生就业报告（就业蓝皮书）》，报告指出，2017届大学毕业生自主创业的比例为2.9%，与2016届、2015届（均为3.0%）基本持平。2017届高职高专毕业生半年后自主创业的比例（3.8%）高于本科毕业生（1.9%）。从近三届的趋势可以看出，大学毕业生自主创业的比例呈现平稳态势。2017届本科毕业生半年后自主创业人群的月收入为5785元，比2017届本科毕业生半年后平均月收入（4774元）高1011元。2017届本科毕业生自主创业的资金主要依靠父母/亲友投资或借贷和个人积蓄（76%），而来自政府资助（4%）、商业性风险投资（3%）的比例均较小。2017届本科毕业生自主创业的主要风险因素为缺乏企业管理经验（27%），其次是缺少资金、市场推广困难（均为25%）。

大多数研究报告都对大学生创业问题给出了创业教育的对策建议，其中近年来的报告集中指向了构建高校创业生态系统。创业生态系统是指一个能够支持和促进创业主体获取创业资源，提供完善的创业配套的硬件设施（办公环境、物流运输等）和软件服务（政策资源、环境文化等）的群落。近年来，政府及高校也在大力建设创业生态系统并取得了巨大的成绩，但是也存在发展不平衡和不充分的状况。第一，虽然大多数大学生特别是创业大学生对于创业教育需求非常高，但只有少数高校对创业教育满意度实施了跟踪调查。第二，大学生希望高校提高创业扶持政策，包括"创业算学分""实验设备向学生开放"和"学校科研成果优先向创业学生转让"等。高校提供的主要扶持政策为"休学创业""实验设备向学生开放"与"创业算学分"等。两者存在一定的不匹配性和不平衡性。第三，大学生创业者对于政府、风险投资和创业园区等创业生态系统环境要素的需求较高。然而，这些环境要素的发展还相对较滞后，不能有效满足大学生创业者的需求。未来有必要进一步强化高校创业生态系统环境要素的培育和发展,特别是发展大学生创业融资体系,缓解大学生创业的资金瓶颈约束。同时,加强针对大学生创业者的创业指导,打造一个"大学生创业者友好型"的创业生态环境。

第三节 大学生就业创业瓶颈因素分析

一、学者研究

马晓红(2007)从人才供应链角度首先指出人才供应链不是我们通常理解的机械上的链式结构,而是一种复杂庞大、交叉纵横的网络系统,强调供应链上的各节点是一个不可分割的有机整体。马晓红的研究认为大学生就业瓶颈主要存在于整个人才供应链环节的以下几方面:用人单位需求、大学生职业生涯规划设计、高校对大学生综合素质培养、大学生就业营销。用人单位方面,表现在过分关注文凭、存在性别和生源地域歧视、过分看重工作经验等因素上;大学生职业生涯规划设计方面,表现在大学生就业定位偏颇、大学生自身优势区域不清晰、求职途径把握不准、获取信息的方法不够丰富有效等因素上;高校对大学生综合素质培养方面,表现在大学生整体素质有下降趋势、教学方法陈旧且忽视创新能力的培养、课程设置不明确、学科结构不合理等因素上;大学生就业营销方面,表现在政府政策支持力度不够大、社会劳动力市场机制仍不完善、校企联系较少、信息技术网络不强大等因素上[①]。马晓红的研究为研究大学生就业问题提供

---

① 马晓红. 从人才供应链角度探讨大学生就业瓶颈 [J]. 职业圈, 2007 (8): 157-158.

了比较独特的视角,全面地分析了大学生就业瓶颈的各个因素。

邓晓丹、孟桂云(2007)侧重分析了文科大学生的就业瓶颈问题,认为文科大学毕业生的就业难度高于理工科毕业生,从宏观上看,与我国目前的经济与社会发展阶段的特殊性紧密相关;从微观上看,与理工科毕业生相比,文科大学毕业生的就业瓶颈不仅体现在供求数量上的不一致,而且也体现在综合素质上不符合用人单位的要求。邓晓丹、孟桂云的研究指出:"从世界各国的实际情况看,绝大多数国家对于理工科人才都较为偏好。这是因为理工科学生就业后对社会经济发展的作用往往是显性的。他们所从事的主要是物质产品生产和硬体性服务,创造的主要是物质财富,较易量化衡量;而文科人才对社会经济发展的作用往往是隐性的。他们的传统使命是管理社会、传承文化与价值、塑造时代精神,为人们的生活和社会的运转提供知识资源和人力资源。政府有关部门在高等教育大众化及市场化的过程中,缺乏科学的定量思维,是造成文科生就业困难的重要原因。文科诸专业大多具有明显的易扩张特性,相对于理工科来说,不需要投入大量的实习、实验设备,培养成本相对较低。对于政府而言,属于投入少、见效快的高效教育资源,自然对文科专业的扩招乐此不疲。大学生择业心态和择业观念与客观实际不相吻合的问题,现象虽然发生在学生身上,但其根源大多在家长"[①]。

文萍、马宏贤(2010)认为,大学生的创业瓶颈主要表现在五个方面:普遍缺乏创新精神和创业技能;创业热情高涨但实践少;创业项目科技含量低;创业企业运行状况不乐观;创业融资困难。大学生创业瓶颈的成因有:观念保守、社保制度不完善等因素影响大学生创业意识的培养和创业理想的树立;创业教育体系的滞后和不完善影响大学生创业技能的培养;尚待完善的创新激励机制影响大学生创业企业的后续发展;融资渠道不畅增加了大学生创业的难度;创业扶持政

---

① 邓晓丹,孟桂云. 文科大学生的就业瓶颈与职业素质养成[J]. 现代教育科学,2007(9): 120-123.

策体系不够完备以及个别政策落实不到位降低了大学生创业的积极性①。

车明华（2011）认为我国大学生创业瓶颈有：大学生普遍缺乏创业精神、大学生缺乏创新意识、大学生缺乏合理创业知识结构、大学生缺乏创业经验等方面②。

祝坤、方奕（2012）认为大学生就业问题说到底，就是供给和需求的矛盾问题。大学生就业问题的症结主要归咎于：高校扩招带来的总量相对过剩以及专业结构不合理、"就业预期+社会亚文化"造就的摩擦性失业、当今政策性促就业行为有一厢情愿之嫌、政府在创业计划和大学生实践安排工作上存在缺陷③。祝坤、方奕的研究非常深刻且对症结分析鞭辟入里，提出的解决建议也非常有针对性。

程斌、程业炳（2013）分析了大学毕业生创业瓶颈问题，认为大学生的创业瓶颈主要表现在创业热情高创业行动少、创业知识技能和经验不足、创业筹资渠道少融资困难、创业项目科技含量不高等方面，而这些瓶颈问题成因则是社会观念缺乏积极的创业意识、社会金融体系发展不完善、政策和法律制度不健全、创业教育体系不健全、创业实践力度不够、缺乏对创业者后续的指导和帮助、大学生创业能力不足、切入点失误找不到好的创业项目、管理不善经验不足等④。

姚毓春等（2014）通过调查发现资金不足依然是大学生创业的主要障碍，占43%，然后依次是创业风险大、缺乏关系等，而创业手续繁杂也占了较大比例（8%）⑤。

---

① 文萍，马宏贤. 大学生创业瓶颈的成因及对策分析 [J]. 中国电力教育，2010 (22)：173-175.
② 车明华. 大学生创业瓶颈分析与对策研究 [J]. 太原城市职业技术学院学报，2011 (9)：109-110.
③ 祝坤，方奕. 我国大学生就业瓶颈及解困路径分析 [J]. 中国青年研究，2012 (12)：73-77，95.
④ 程斌，程业炳. 大学毕业生创业瓶颈问题成因及对策探析 [J]. 安徽科技学院学报，2013，27 (2)：111-115.
⑤ 姚毓春，赵闯，张舒婷. 大学生创业模式：现状、问题与对策——基于吉林省大学生科技园创业企业的调查分析 [J]. 青年研究，2014 (4)：84-93，96.

程鹏（2015）认为新形势下大学生的就业瓶颈及成因有：学生自身的知识结构和技术能力不足、学生专业知识和实践能力欠缺、毕业生自我定位不准、就业观念滞后、毕业生求职心理障碍凸显消极迷茫等方面[①]。

李琳娜（2015）认为高校毕业生就业瓶颈问题主要体现在以下方面：第一，东部沿海等发达城市就业形势良好，竞争激烈，而西部偏远地区由于条件艰苦，待遇差而无人问津；第二，理科专业就业形势前景良好，用人单位对通信、电子、土木、生物工程、信息技术等专业人才需求旺盛，而一些文科类的专业如历史、政治、法律等的毕业生就业率明显偏低；第三，用人单位对"985""211"等名牌大学毕业的学生尤为青睐，凡隶属于教育部直属院校或其他部委院校毕业的学生就业形势就好，而毕业于地方院校的学生就业形势就差；第四，用人单位倾向于学历高的毕业生，为了提高企业知名度和影响力，不管职位需要与否，盲目提高对应聘者的学历要求，因此，我们可以看到本应是适合于专科生的职位却被本科生占据，原本本科生就能胜任的工作却雇用了研究生；第五，毕业生知识技能结构与社会需求脱轨，往往由于缺乏这种专门的职业技能训练而难以在激烈的就业竞争中脱颖而出；第六，毕业生求职期望过高。一味地追求高官厚禄，轻事业、轻奉献的从业观念，使得毕业生不愿意放低身价去做一些平凡普通的工作[②]。

马亮等（2016）认为大学生创业瓶颈主要有：观念瓶颈、资金瓶颈、政策瓶颈、经验瓶颈、能力瓶颈等五个方面[③]。

二、报告研究

早在2008年，共青团杭州市委（大创联盟）、杭州市人力社保局（大创

---

① 程鹏.当前大学生就业瓶颈与对策探析［J］.新西部（理论版），2015（21）：125，119.
② 李琳娜.高校毕业生就业瓶颈及对策探析［J］.课程教育研究，2015（34）：169.
③ 马亮，朱剑平，陈琦.大学生创业瓶颈及优化机制研究［J］.学校党建与思想教育，2016（5）：52 - 54.

办)、杭州市工商局、杭州市财政局就联合开展了"关注大创企业发展,关爱创业青年成长"系列调研,探索建立杭州市大学生创业企业发展指数研究体系。通过实地走访、电话访问和邮件访问等形式,全面完成了对4000余家调研目标的走访。问卷回收率51%,其中问卷有效率52.3%。调查发现,94%的大学生创业者的年龄在26~30周岁之间,在创业前有相关行业工作经验的占65%。58.3%的大学生创业者因为对行业熟悉、易于发挥自身优势,而选择该行业创业。但同时,也发现大学生创业存在五大瓶颈因素:一是集资途径少,集资数额小;二是创业经验欠缺;三是缺乏核心技术或优势项目;四是缺乏风险意识;五是人才招聘面临困境。

根据中国人民大学发布的《2016年中国大学生创业报告》,在大学生创业企业中,创业成功率只有2%左右[①]。

2015年发布的《蓝桥大学生创业报告》显示,经验不够和资金短缺是阻碍创业的两大原因。

《2017年中国大学生创业报告》认为,资金不足依然是大学生创业的最主要障碍:超半数大学生认为,资金短缺问题是他们在准备创业或创业过程中遇到的最大困难,创业资金的来源,37%是自己,加上25%的团队来源,60%多都是靠自己和团队,再加上家人,加起来差不多70%多的资金都要靠自筹。

《2016~2017中国大学生就业创业发展报告》认为,大学生创业者面临的主要困境是个人创业能力经验不足、团队合作不好以及缺乏充足的创业信息资源。

2017年,张涛、王晓红在人民网发表的文章《大学生创业难在哪,怎么破》中指出,大学生创业在数量和质量两个方面还存在着明显的不足:首先,大学生创业的微观保障机制存在不足;其次,大学生的创业观念与创业实践之间存在明显滞后;最后,大学生自身创业能力不足[②]。

[①] 引自人民网:http://it.people.com.cn/n1/2018/0126/c1009-29788154.html。
[②] 引自人民网:http://theory.people.com.cn/n1/2017/0607/c40531-29322754.html。

2017年，广州大学广州发展研究院发布了《2016年中国社会形势分析与预测》蓝皮书显示，大学生创业，主要遇到融资难、缺乏实操性的创业指导等问题，创业资金不足，融资较为困难成为毕业大学生创业时一道难以逾越的门槛。

宁波市统计局的最新调查数据显示，2018年度，宁波市应届大学毕业生选择创业的比例高达8%。创业政策生疏、资金筹措难、缺乏针对性创业指导、缺乏核心技术，正成为制约宁波市大学生创业的四大"瓶颈"[①]。

三、小结

本节主要从学者研究和报告研究两个方面论述了大学生就业创业的瓶颈因素。因大学生就业与大学生创业并非一个概念，故在本章前两节的论述中将其分别论述。通过前面的论述，我们知道，创业是一种高级的就业形式，因此，创业要比就业难度更大，遇到的问题也更难以解决。大学生就业与创业的瓶颈因素很多，可以分为外部因素和大学生自身因素两个方面。本节将大学生就业与大学生创业的瓶颈因素放在一起进行研究，旨在找到大学生自身素质与就业创业之间的差距，即大学生哪些自身因素导致了就业难与创业难。

从众多的学者研究与报告研究来看，大学生就业难与创业难的问题主要出现在高校扩招以后，但同时我们应认识到，高校扩招并非导致大学生就业难与创业难的关键因素，大学生就业难与创业难的症结主要在于人才的供给端出现了问题：高校专业招生计划并未很好地考虑人才的需求状况，加之高校人才培养的同质化现象严重，是导致大学毕业生供大于求的主要因素。在这种供大于求的局面下，大多高校并未很好地调整专业招生计划并调整人才培养特色，导致了一批又一批的同质化人才走出校门走向社会。

但从大学生自身因素来看，大多数大学生自身确实也存在一定问题。大多数

---

① 引自网络：http://www.qncye.com/daxuesheng/zixun/081734990.html。

大学生受自身视野和其他因素影响,并未很好地进行自身的职业生涯规划,在大学生活中也觉得迷茫无助,甚至沉迷于游戏,浪费了大好光阴。从学者和研究报告的研究成果来看,大学生实践能力不足是导致大学生就业难和创业难的一大因素。大多数大学生没有进行有目标、有计划、有组织的社会实践,而是将所学知识停留于课堂与书本,将自身局限于校园,导致了实践能力的不足。笼统地说,"能力不足"导致了大学生的就业难与创业难,确切地说,所谓的"能力不足"主要在于实践能力的不足。我们知道,实践是检验真理的标准,大学生所学知识应该很好地通过实践来证明:通过实践来提高所学知识的深度与广度,通过实践不断地更新所学知识。若是所学知识一直停留在课本与笔记,必然会导致"能力不足"。

因此,本书的研究认为,应该从大学生社会实践入手,来提高大学生对所学知识的理解与运用,并在社会实践中锻炼和提高大学生的综合素质,才能有效地解决大学生就业难与创业难的"内因"。当前,国家与各级政府都在为大学生就业创业创造条件和提供政策,只有将大学生就业难与创业难的"内因"解决好,才能从根本上解决就业难与创业难的社会难题。本书在下一章将从大学生社会实践入手,探讨大学生社会实践和就业创业助力农村小微企业成长的扶贫路径。

第四章　大学生助力农村小微企业成长的扶贫路径

第一节　大学生社会实践

一、大学生社会实践现状

大学生社会实践是高校实践教育的重要内容,是大学生了解国情、社情、民情,受教育、长才干的重要方式,更是大学生深入基层、服务社会、为民服务的主要途径。

大学生社会实践是大学生初步与社会接触的环节,对认识社会和将来就业有着很大裨益。大学生参加实践活动,对德智体本身来说是课堂教育的延续。大学生积极参加社会实践,是高校思想政治教育的一条重要渠道,使他们按着现代社会的要求健康成长。当代大学生要成为现代化建设的有用人才,就不能闭门读书,而必须敞开大门,走向社会。目前,相当部分的青年在注重实现自我的同时，往往忽视和拒绝贡献社会，从而削弱了社会责任意识，在自我与社会之间横着一条不浅的鸿沟。社会实践能萌生责任意识，只有到实践中去，才能迸发出炽热的社会责任感来，才能为社会做贡献。

大学生社会实践同时也是大学课堂教学的延续，是大学生巩固所学知识、吸收新知识、发展智能的重要途径。当前高校越来越重视开展校内与校外、专业与非专业等多种形式的实践活动，在实践中提高学生各方面素质和能力，充实实践教学内容，拓宽学生社会视野，使大学生们学到了书本上学不到的知识，掌握了在学校中学不到的技能，同时也缩短了理论与实践的距离。

除了高校组织的大学生实践外，我国各级政府及相关部门也有大学生社会实践的支持政策。比如，中国大学生社会实践知行促进计划，它是由团中央学校部组织发起的大学生社会实践支持促进项目，2014年正式启动。知行计划以"中国梦·责任·创新·实践"为主题，以助学支教、科技支农和卫生下乡为重点，在校园中倡导积极健康的生活和学习方式，推进团属校园媒体体系建设，支持大学生能力培养，促进大学生创业就业。知行计划旨在助力企业社会责任，支持大学生社会实践，帮助大学生健康成长。团中央学校部将对参与大学生社会实践活动的企业给予支持，并组织各高校团委协助开展CSR项目的实施工作。

一般来说，大学生社会实践的主要类型有：便民服务、社会调查、义务劳动、文化下乡、环保行动、科技活动、勤工俭学。

二、大学生社会实践意愿及影响因素

大学生社会实践是学生了解社会、锻炼能力的重要手段，为了进一步了解大学生社会实践中存在的问题，本研究用了文献研究、访谈法和问卷法，研究了大学生社会实践存在的问题及改进措施等，并进一步探究了大学生社会实践的意愿及影响因素。

（一）文献研究

关于大学生社会实践存在的问题方面，高惠娟（2010）认为，大学生社会实践存在与学校教学环节脱节、缺乏完整的项目管理体系和运行机制且持续时间较短、大学生对社会实践认识不足参与被动等三个方面的问题[①]。刘韧、易厚 (2011) 认为大学生社会实践工作存在开展过于保守、缺乏科学的评价标准、对于大学生社会实践工作思想重视不够、专业指导力度不够且实践基地建设落后等四个方面的问题[②]。徐国庆 (2013) 认为，大学生对社会实践的认识深度不够、与社会需求脱节、缺乏长远人生规划的把握等问题是大学生实践中的主要问题[③]。张宏亮、柯柏玲 (2014) 认为大学生社会实践存在的主要问题有流于形式、机制不健全、实践缺乏全员参与、形式单调缺乏创新等四个方面[④]。武剑英 (2015) 认为大学生社会实践的主要问题体现在参与主体缺乏主动性、社会支持不足、高校未充分发挥作用、大学生自身准备不足等四个方面[⑤]。叶雪琳、卢咏 (2016) 认为大学生"三下乡"社会实践存在的主要问题是社会支持及经费不足、大学生及其家长未给予足够的重视[⑥]。姚建军、师蔷薇 (2016) 认为大学生社会实践的主要问题在于价值取向功利化、参与态度不端正、组织管理不科学、实践内容及形式缺乏创新等四个方面[⑦]。汪婕、秦枫 (2016) 认为大学生参与缺乏主动性、考核缺乏科学性、指导缺乏专业性等三个方面是大学生社会实践的主要问题[⑧]。朱新文、吴伟萍 (2019) 认为，当前大学生社会实践存在的问题主要

[①] 高惠娟. 大学生社会实践的实效性和发展路径研究 [J]. 徐州师范大学学报（哲学社会科学版），2010, 36 (06): 134 – 137.

[②] 刘韧，易厚，贺宗彦. 大学生社会实践工作问题与对策 [J]. 四川理工学院学报（社会科学版），2011, 26 (01): 85 – 87.

[③] 徐国庆. 大学生社会实践的路径研究 [D]. 东北林业大学，2013.

[④] 张宏亮，柯柏玲. 大学生社会实践存在的主要问题及对策分析 [J]. 思想政治教育研究，2014, 30 (02): 134 – 136.

[⑤] 武剑英. 大学生社会实践活动实效性研究 [D]. 河北师范大学，2016.

[⑥] 叶雪琳，卢咏. 大学生"三下乡"社会实践的探索与思考 [J]. 赤峰学院学报（自然科学版），2016, 32 (10): 216 – 217.

[⑦] 姚建军，师蔷薇. 大学生社会实践存在的问题及破解思路 [J]. 思想理论教育导刊，2016 (03): 147 – 149.

[⑧] 汪婕，秦枫. 大学生社会实践活动的实效性思考 [J]. 高校辅导员学刊，2017, 9 (05): 27 – 30.

有缺乏真实性与针对性、评价方法落后、组织机构不健全等三个方面①。

关于大学生社会实践的改进建议方面,袁金祥(2010)认为要改变观念、结合大学生所学专业并依托相应的实践基地做好大学生社会实践工作②。刘同国(2010)讨论了美国、日本的大学生实践活动,提出了"三个体系""四个结合"等大学生社会实践的建议③。孙楚航(2011)总结了西南大学大学生"三进三同"社会实践新模式的做法和经验④。周彩姣(2012)从大学生社会实践的需求问题入手进行了统计分析,从目标、形式、重点、核心四个方面提出了对策建议⑤。肖述剑(2015)认为社会实践评价导向应务实避免功利、注重过程⑥。翁楚歆、曾振宁(2017)讨论了精准扶贫下的大学生"三下乡"实践活动,认为应实践基地项目化机制并规范管理投入⑦。焦昆(2017)总结了河北农业大学开展大学生社会实践的经验,认为大学生社会实践应实现从"广撒网"变"榫对卯"、从"点对点"变"纵贯线"、从"雷阵雨"变"及时雨"、从"游击队"变"常备军"、从"输血"变"造血"、从"应聘式"变"订单式"等六个方面的改变⑧。胡靖(2018)认为,大学生社会实践的发展趋势应该是结合专业、结合课程、基地化、实效化和品牌化五个方面⑨。黄俊鹏(2018)梳理了我国大学生社会实践的历史分段,认为应构建"政治实践+专业实践"的社会实践融合

---

① 朱新文,吴伟萍,林雪."互联网+"时代下大学生社会实践能力提升路径研究[J].科学大众(科学教育),2019(03):140-141.
② 袁金祥.大学生社会实践育人功能的偏失与匡正[J].现代教育科学,2010(07):120-122.
③ 刘同国.大学生社会实践活动现状与发展研究[D].山东师范大学,2010.
④ 孙楚航.创新大学生社会实践模式的一种尝试——开展大学生"三进三同"社会实践的探索与思考[J].思想理论教育导刊,2011(04):89-92.
⑤ 周彩姣,林寒.大学生社会实践活动现状调查与完善策略[J].高等教育研究,2012,33(09):74-79.
⑥ 肖述剑.关于改进大学生社会实践评价的几点思考[J].理论观察,2015(02):140-142.
⑦ 翁楚歆,曾振宁,苏铭.精准扶贫视野下大学生"三下乡"社会实践活动实效性研究[J].科技风,2017(05):256+261.
⑧ 焦昆.大学生社会实践服务脱贫攻坚常态化路径研究——以河北农业大学为例[J].人才资源开发,2017(10):7-8.
⑨ 胡靖.大学生社会实践的历程、价值意蕴与发展趋向[J].思想理论教育,2018(01):107-111.

模式，助力中国梦的实现①。朱新文、吴伟萍（2019）认为，要做好建立相对稳定的实践基地、建立一套科学的考评制度、建立一支素质好能吃苦耐劳的社会实践综合指导队伍三个方面的工作②。

大学生参加社会实践的影响因素研究方面，王庆华、孙雯雯（2015）认为在校大学生参加社会实践意愿主要受学生自身、学校、政府及社会等方面因素的影响③。张智慧（2017）以安徽农业大学为例进行了定量统计分析，认为大学生参加社会实践的影响因素主要是个性性格偏向和所处年级④。

综上所述，当前政府、社会、高校和大学生都越来越重视大学生社会实践，但还存在着一些问题。这些问题主要源于对社会实践的认识不足方面，导致了一些社会实践流于形式的现象。由于很多大学生对社会实践的理解不足、认识不高，致使社会实践形式大于内容，更注重对外的宣传，从而带有一定的功利性。很多高校组织的社会实践不能与大学生所学专业结合，导致大学生对社会实践兴趣不大，大学生的优势和特长在社会实践过程中也得不到很好的发挥，也影响了社会实践的效果。大学生社会实践最好在专门的实践基地开展，这样一方面能很好地保证学生的安全，更能使实践活动因为有了依托而得以有效开展。大学生社会实践活动应该有非常鲜明突出的中心主题，这些中心主题应结合大学生的兴趣和专业，使其能在自身兴趣和专业的基础上开展相应的活动，减少大学生因被动参加实践活动带来的消极情绪。大学生实践活动应使大学生通过实践，在知识、视野、专业层面有所收获，对大学生价值观、世界观、人生观的树立起到正向积极的作用，为大学生就业奠定一定的基础，这样才能更好地提升实践的育人

---

① 黄俊鹏．大学生社会实践活动机制构建探究［J］．学校党建与思想教育，2018（06）：63－64＋72.
② 朱新文，吴伟萍，林雪．"互联网＋"时代下大学生社会实践能力提升路径研究［J］．科学大众（科学教育），2019（03）：140－141.
③ 王庆华，孙雯雯，栾树荣，唐永云，生尊，杨新芳．在校大学生参加社会实践意愿的影响因素分析［J］．卫生职业教育，2019，37（02）：121－123.
④ 张智慧．大学生参与社会实践现状调查研究——以安徽农业大学为例［J］．当代经济，2017（01）：102－104.

效果。

(二) 访谈及结论

根据以上的文献研究,结合时代发展的实际情况,笔者运用访谈法编制了访谈提纲,并根据提纲进行了访谈调研。

(1) 访谈目的:了解在校大学生对大学生社会实践的认识;了解当前大学生对社会实践的意愿及影响其社会实践的因素有哪些;了解当前大学生对高校社会实践工作有哪些期待的改进之处。

(2) 访谈对象:限于访谈难以大规模进行,在样本的选取上,本次访谈选取了济南地区两所高校共 20 名学生进行了访谈,专科和本科各 10 名,其中 10 名学生未参加过大学生社会实践,10 名学生有参加大学生社会实践的经历,参加过社会实践的学生中有 6 名参加过"三下乡",4 名参加过暑期支教活动。

(3) 访谈方法:采取个别访谈法,访谈问题大多采取开放式提问,答案由被访谈者自由发挥,这样可以减少干扰及受访者被诱导的可能性。访谈时间不多于 60 分钟/人。访谈结果由访谈结束后整理。

(4) 访谈的问题设计:

以下问题针对未参加过社会实践活动的学生:

①你是否愿意主动参加大学生社会实践活动?

②如果你参加大学生社会实践活动,你想有哪些收获?

③你了解参加大学生社会实践活动的途径吗?

④如果参加大学生实践活动,你认为应该做好哪些准备?

⑤你对学校关于大学生社会实践活动的宣传组织工作有哪些建议?

以下问题针对参加过社会实践活动的学生:

①你是通过什么途径参加的大学生社会实践活动?

②你认为参加大学生社会实践活动有哪些收获,在这些收获里,你最看重什么?

③你参加的大学生实践活动不足之处有哪些？有哪些方面还可以在今后的实践中进一步提高？

④请谈一下你对大学生社会实践活动的认识？

⑤你认为那些不想参加大学生社会实践活动的同学为什么不想参加？

⑥你对学校关于大学生社会实践活动的宣传组织工作有哪些建议？

（5）访谈结论：

在针对未参加过社会实践活动的学生的访谈中，60%的学生表示愿意主动参加社会实践，主动参加社会实践的目的主要是想为将来找工作奠定一些工作基础、认识社会和增强综合能力，而不想主动参加社会实践的学生主要是觉得社会实践意义不大。70%的学生了解参加社会实践的途径，但问及途径时，得到的回答是来源于网络上的QQ群、微信等移动终端APP。关于参加社会实践的准备方面，30%的同学认为应有相应的知识储备，剩下的70%同学则认为无须做特殊准备。关于学校对大学生社会实践活动的宣传组织工作的建议方面，大部分同学认为，最好有固定的实践场所、有专门的带队老师指导、有专门的统一通知和组织。

在针对参加过社会实践活动的学生的访谈中，80%的学生都是通过班主任、辅导员、学生会下发的通知中得知了社会实践的信息。关于大学生社会实践的收获方面，学生们表示增加了工作经验、进一步了解了社会、增强了综合能力等，但其各自最看重的收获则差别很大，故在此不作统计。当问到在社会实践中有何不足之处时，得到最多的回答则是社会实践前没有做好实践计划、在实践的过程中边想边做、未能达到实践的理想效果，还有一部分参加实践的队员虎头蛇尾、三分钟热度，没能很好地执行社会实践的任务。学生们大多表示，下次参加社会实践时一定做好详尽的实践计划，按照计划扎实落实方案。在对社会实践的认识方面，全部同学都肯定了社会实践的意义，但反映出学生们对社会实践认识不高，带有一定的功利色彩。在问及那些不想参加大学生社会实践活动的同学为什么不想参加时,大多数同学表示,社会实践的实效性不够是导致学生不想参加的主因。关于对学校的建议方面,大多数同学表示,要加强组织和宣传,最好有专门的指导老师全程指导、有学校联系的实践基地。

从访谈结果来看,仍有相当一部分学生对大学生社会实践存在认识不高、认识不全的问题,对大学生参加社会实践的意义的理解上存在一定的功利化思想。由于大多数大学生上大学的主要目的并不在于提升自身的综合能力而在于就业,这就导致了这部分大学生把上大学的过程当作了"就业前的准备期",其大学过程围绕就业开展,故相当一部分大学生的社会实践的最终目的也是"有利于就业",这就带有了一定的功利色彩,弱化了大学生社会实践育人的真正意义。大学生社会实践应该是促进大学生综合素质与能力提升的重要实践环节,但由于一些学校办学条件特别是师资条件的限制,无法实现建立良好稳定的大学生实践基地并配有专门指导教师全程指导的条件。学校在组织和宣传大学生实践方面,仍有大量的工作需要做。

(5)本次访谈的局限:

本次访谈积累了一些第一手的资料,使笔者对在校大学生对社会实践的看法有了更为深切的认识,但存在着一些局限。

一方面,样本的局限。由于访谈难以大规模地进行,本文在选取样本时只选择了山东地区的两所高校的20名学生,这20名学生只能反映这两所高校的大学生社会实践情况,并不能反映当前我国大学生社会实践的全貌,只能是管中窥豹,可见一斑。我国高校众多,办学层次、办学条件及办学特色也千差万别,仅仅通过20名本专科在校生是很难得到大学生社会实践的全面认识的。

另一方面,受访者的局限。受访者中有一半没有参加过社会实践,另一半参加过"三下乡"和暑期支教活动。没有参加过社会实践的学生可能是因为觉得社会实践意义不大,也可能是还未参加社会实践,笔者在研究中并未将其区分。由于受访学生参加社会实践的经历比较有限,难免对大学生社会实践不能有更加全面的认识，在问及相关问题时，得到的一些答案带有发散性。加之受访者拒绝对访谈内容进行录音，不便于访谈资料的整理。

（三）问卷及结论

为了更加清楚地了解大学生关于社会实践的相关问题，本研究通过问卷网站问卷星发布了《关于大学生社会实践意愿及影响因素调查问卷》，并从问卷中筛选出169份有效问卷。问卷面向在校大学生发放，现将相关问题汇总如下：

问卷中，学生所在年级的情况如下图所示：

选项	小计	比例
大一	90	53.25%
大二	50	29.59%
大三	27	15.98%
大四	2	1.18%
本题有效填写人数	169	

图4-1 学生所在年级分布

填写问卷的学生大部分来自农村，如图4-2所示：

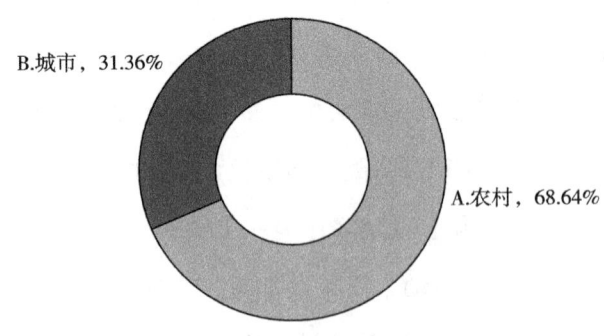

图4-2 被调查者来源

填写问卷的学生成绩情况如图4-3所示:

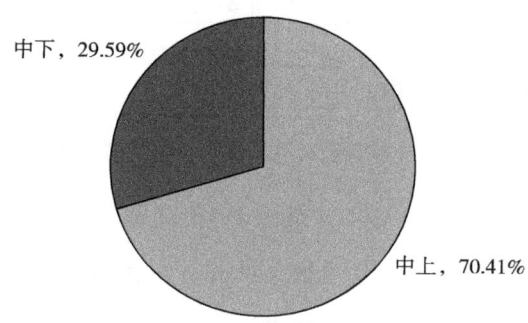

图4-3 被调查者成绩情况

填写问卷的学生最想参加的社会实践形式分别是暑假打工、学校组织的实践活动和社会资源活动,如图4-4所示:

选项	小计	比例
学校组织	37	21.89%
兼职打工	65	38.46%
"三下乡"活动	6	3.55%
社会志愿活动	34	20.12%
乡村及偏远地区支教	15	8.88%
其他社会实践	12	7.10%
本题有效填写人次	169	

图4-4 被调查者最想参加的社会实践活动形式

平均每次社会实践的时长如图4-5所示:

大学生助力农村小微企业成长的扶贫路径研究

选项	小计	比例
1~7 天	107	63.31%
8~15 天	21	12.43%
16~30 天	41	24.26%
本题有效填写人次	169	

图 4-5 被调查者平均每次社会实践时长

参加的社会实践与专业相关情况如图 4-6 所示，我们可以看出，参加社会实践的学生中，仍有相当比例的学生参加的社会实践与所学专业无关，这也是为什么部分学生对社会实践不感兴趣的原因之一。

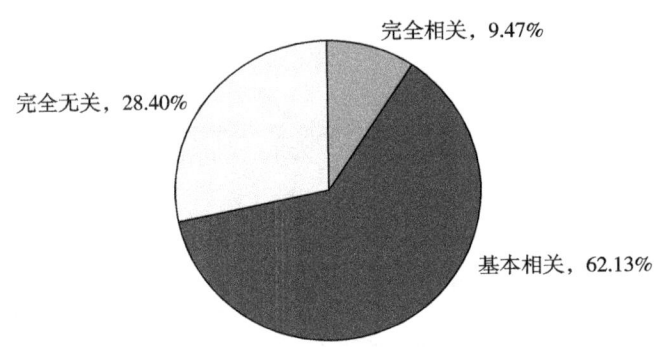

图 4-6 被调查者参加的社会实践与本专业相关情况

超过 2/3 的学生对自己参与社会实践的成果感到满意，如图 4-7 所示：

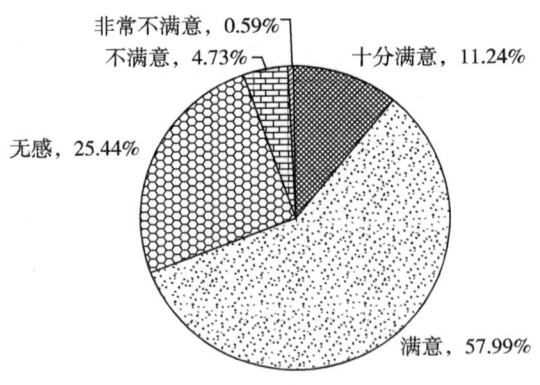

图 4-7 被调查者对实践成果满意情况

对于参加社会实践的目的，被调查学生的回答如图4-8所示。比例最高的前三位依次为：增加社会经验锻炼能力、增长见识认识朋友开阔视野和为就业做准备。

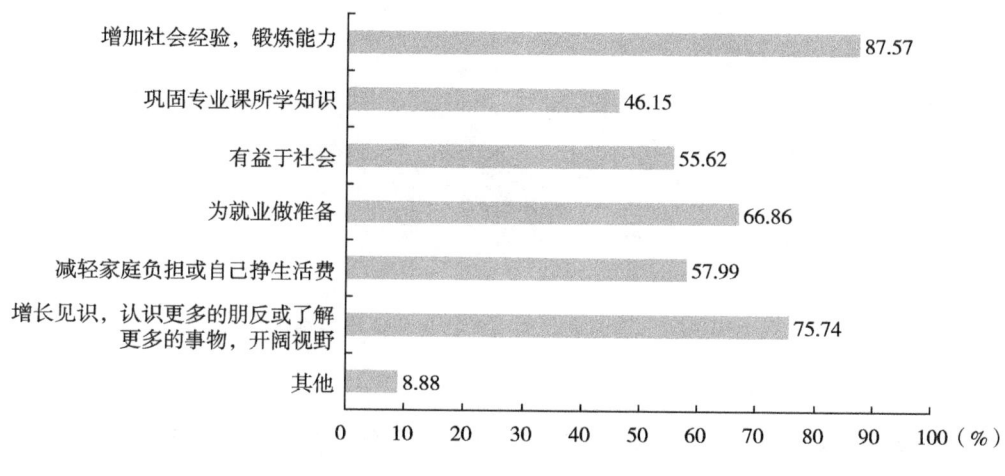

图4-8　被调查者参加社会实践的目的

关于学生在社会实践中学到了哪些内容方面，学生的回答如图4-9所示：

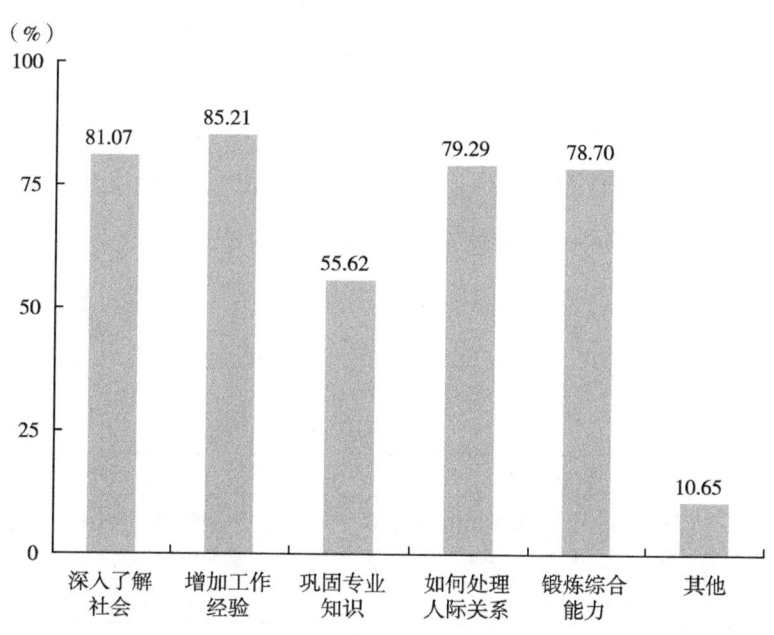

图4-9　被调查者认为在社会实践中学到的内容分布

有超过一半的学生认为，社会实践最好是有偿的，如图4-10所示：

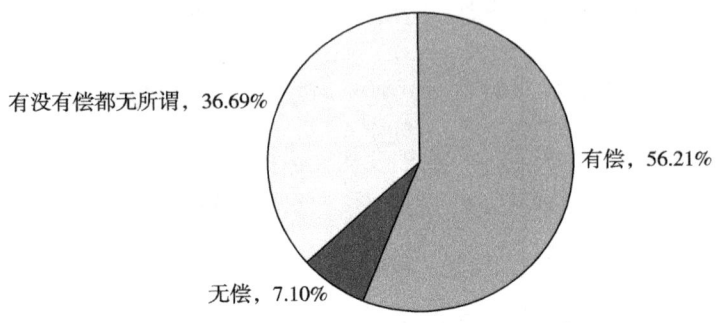

图4-10　被调查者希望的社会实践报偿情况

被调查学生参加的社会实践一般以以下形式开展，如图4-11所示：

选项	小计	比例
班级	79	46.75%
个人	101	59.76%
自发组织	70	41.42%
学校	77	45.56%
参考机构	35	20.71%
本题有效填写人次	169	

图4-11　被调查者参加社会实践的开展情况

被调查学生接触社会实践的途径如图4-12所示：

选项	小计	比例
学校就业中心或学校勤工俭学等校级组织的信息	104	61.54%
相关网站、APP、微信公众号	101	58.58%
社团等校内学生组织发布的信息	70	56.21%

图4-12　被调查者接触社会实践的途径

第四章　大学生助力农村小微企业成长的扶贫路径

选项	小计	比例
粘贴的海报广告或招聘信息	77	27.22%
中介机构	35	14.79%
老师、同学等身边人的介绍	35	50.3%
其他（详细）	35	2.37%
本题有效填写人次	169	

图 4-12　被调查者接触社会实践的途径（续）

约80%的学生认为大学生社会实践重要，如图4-13所示：

选项	小计	比例
非常不重要	9	5.33%
不重要	7	4.14%
无所谓	18	10.65%
重要	88	52.07%
非常重要	47	27.81%
本题有效填写人次	169	

图 4-13　被调查者认为社会实践重要程度分布

80%以上的学生对大学生社会实践持积极态度，希望能够参与社会实践，如图4-14所示：

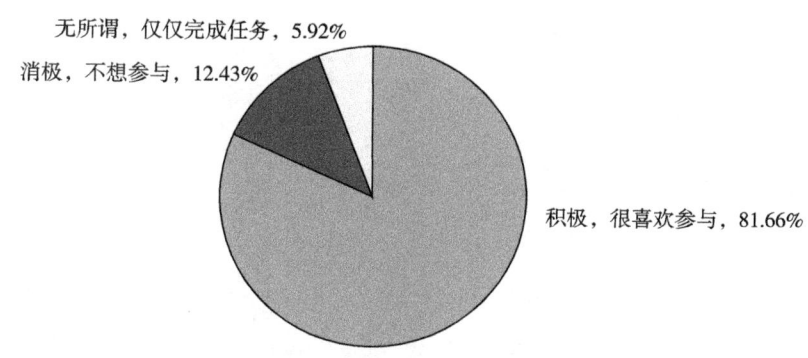

图 4-14　被调查者对社会实践的态度

学生参加社会实践的难点主要在于：联系实践单位困难、组织实践团队困难、相关部门资金投入不足，如图4-15所示。因此，要做好大学生的社会实践工作，一是应在建立实践基地上多下功夫，为学生搭建良好的社会实践平台；二是要指派专门老师组织社会实践并进行专门的指导；三是加大对大学生社会实践的资金扶持力度。

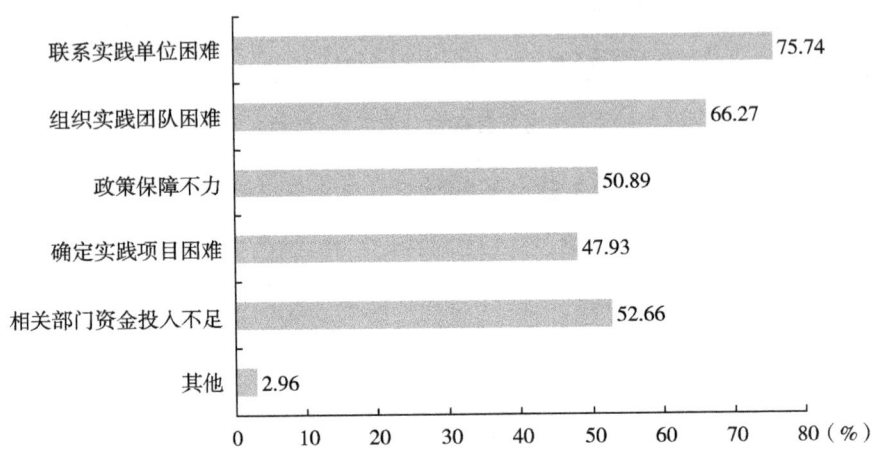

图 4-15 被调查者认为参加社会实践面对的主要困难分布

被调查学生认为当前高校在社会实践中存在的问题如图 4-16 所示：

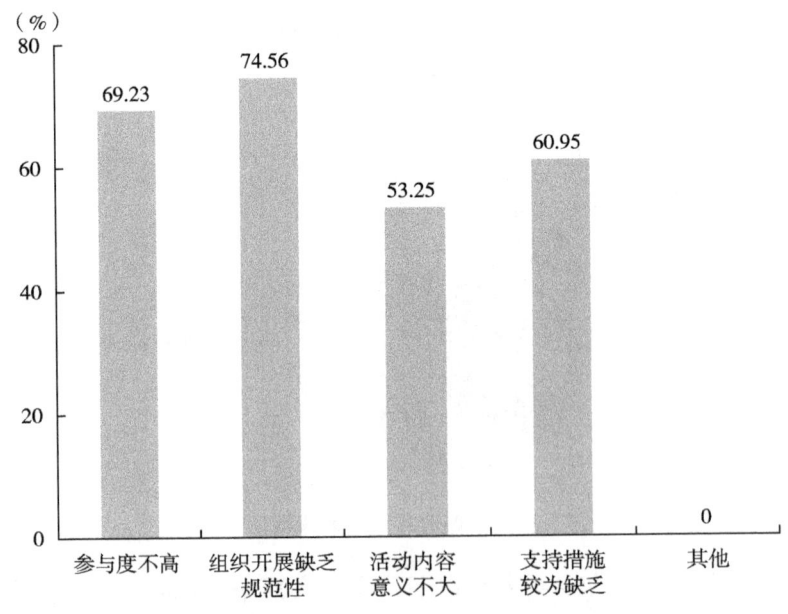

图 4-16 当前高校在社会实践中存在的问题

被调查学生认为所在学校在社会实践中存在的问题如图 4-17 所示：

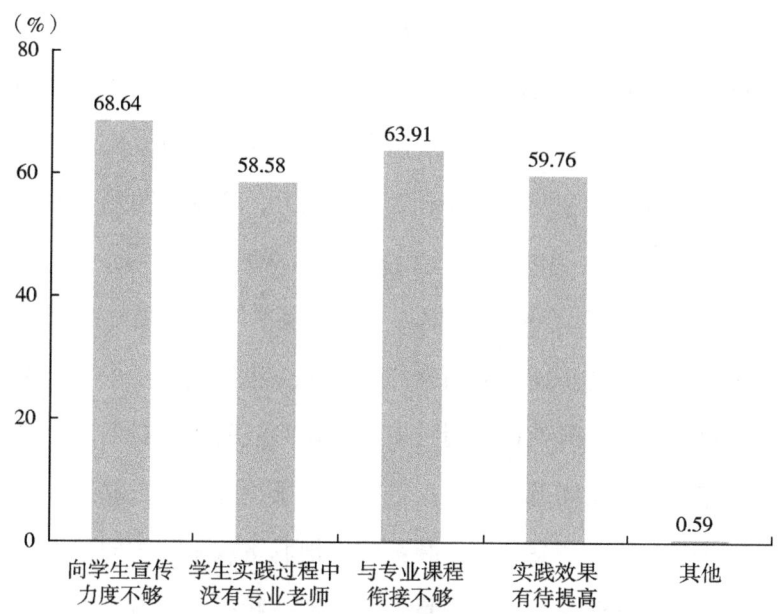

图 4-17　被调查者所在学校在社会实践中的问题分布

三、大学生社会实践与扶贫

党的十八大以来，习近平总书记站在全面建成小康社会、实现中华民族伟大复兴中国梦的战略高度，把脱贫攻坚摆到治国理政突出位置，提出一系列新思想新观点，作出一系列新决策新部署，推动中国减贫事业取得巨大成就，对世界减贫进程做出了重大贡献。党中央从全面建成小康社会要求出发，把扶贫开发工作纳入"五位一体"总体布局、"四个全面"战略布局，作为实现第一个百年奋斗目标的重点任务，作出一系列重大部署和安排，全面打响脱贫攻坚战。脱贫攻坚力度之大、规模之广、影响之深，前所未有，取得了决定性进展，显著改善了贫困地区和贫困群众生产生活条件，谱写了人类反贫困历史新篇章。2012 年 12 月，习近平总书记《在河北省阜平县考察扶贫开发工作时的讲话》中指出："消除贫困、改善民生、实现共同富裕,是社会主义的本质要求""深入推进扶贫开发,帮助困难群众特别是革命老区、贫困山区困难群众早日脱贫致富,到2020年稳定实现扶贫对象不愁吃、不愁穿,保障其义务教育、基本医疗、住房,是中央确定的目标。我们要加大投入力度,把集中连片特殊困难地区作为主战场,把稳定解决扶贫对象温饱、尽快实现脱贫致富作为首要任务,坚持政府主导,坚持统筹发展,注重增强扶贫对象和贫困地区自我发展能力,注重解决制约发展的突出问题,努力推动贫困地区经济社会加快发展"[1]。2018年2月,习近平总书记在《打好精准脱贫攻坚战座谈会》上强调,"打好脱贫攻坚战是党的十九大提出的三大攻坚战之一,对如期全面建成小康社会、实现我们党第一个百年奋斗目标具有十分重要的意义。要清醒认识把握打赢脱贫攻坚战面临任务的艰巨性,清醒认识把握实践中存在的突出问题和解决这些问题的紧迫性,不放松、不停顿、不懈怠,提高脱贫质量,聚焦深贫地区,扎扎实实把脱贫攻坚战推向前进"[2]。

大学生是我国未来建设的重要力量,肩负着把我国建设成社会主义强国的历史使命,更有责任和义务投入到扶贫工作中。2015年,共青团中央下发《关于认真学习贯彻中央扶贫开发工作会议精神组织动员广大团员青年在脱贫攻坚战中充分发挥生力军作用的通知》,提出要带领广大团员青年参与扶贫,"组织动员广大青少年在脱贫攻坚战中充分发挥生力军作用"。2016年1月,共青团中央下发《关于共青团助力脱贫攻坚战的实施意见》,提出总目标为:聚焦集中连片特困地区和国家扶贫开发工作重点县,以智力扶贫为重点,深入推进"脱贫攻坚青春建功行动",在精准施策上出实招、在精准推进上下实功、在精准脱贫上见实效,通过生产扶贫帮助一批贫困青年实现创业就业,通过教育扶贫帮助一批贫困学生顺利完成学业,通过人才扶贫帮助贫困地区培养引进一批青年人才,通过公益扶贫帮助一批青少年解决生产生活困难,通过加强贫困地区团的工作,夯实共

---

[1] 引自网络:http://theory.people.com.cn/n1/2018/0913/c421125-30290544.html。
[2] 引自网络:http://cpc.people.com.cn/n1/2018/0215/c64094-29824822.html。

青团参与脱贫攻坚的组织基础,为实现 2020 年所有贫困地区和贫困人口一道迈入全面小康社会做贡献。同时还提出,要"围绕生产扶贫,开展贫困地区青年创业就业行动""围绕教育扶贫,开展贫困青少年助学行动""围绕人才扶贫,开展贫困地区青年人才支持行动""围绕公益扶贫,开展贫困青少年扶贫关爱行动"。

大学生社会实践扶贫主要有以下几种形式:

一是广泛开展民生扶贫。充分发挥青年志愿者作用,开展留守儿童关爱行动,以贫困地区农村留守儿童为重点,在学业辅导、亲情陪伴、感受城市、自护教育、爱心捐赠等方面加强工作力度。深入推进中国青年志愿者阳光助残行动,进一步提升与残疾青少年的结对率,扎扎实实地帮助他们解决生活和学习中的实际困难。

二是创新实施生态扶贫。深化保护母亲河行动,积极创新项目实施方式,通过帮助贫困群众种植经济林等方式,在保护生态的同时增加生产收入。在植树造林、青少年生态环保社团培训和项目资助等方面对贫困地区予以倾斜,带动贫困地区通过保护生态环境,利用生态补偿政策脱贫致富。

三是配合做好产业扶贫。在适合发展特色农业和畜牧业的地区,组织青年集中开发农业种植和养殖项目,在产品的包装设计、检验检疫、物流销售等重点环节切实做好服务。在旅游和文化资源较为丰富的地区,组织引导青年立足特色农业、旅游服务、文化产品开发等领域积极开展创业探索。

四是大力推动人才扶贫。深入实施大学生志愿服务西部计划和西部建功计划、金融干部到县级团委挂职项目,广泛开展大学生暑期"三下乡"社会实践、"科技之光"专家服务团、博士服务团等活动,引导广大青年人才到贫困地区贡献聪明才智、创造青春业绩。

五是积极探索定点扶贫。团中央机关要做好定点扶贫工作,参照对口援疆、援藏的模式,探索建立经济发达省份与重点扶贫省份团组织之间的对口支援机制。

第二节 大学生就业创业与扶贫

21世纪初的高校扩招,在校大学生数量剧增,就业竞争变得更加激烈,甚至一度出现了个别毕业生毕业即失业的现象。在大学生就业创业的大潮中,部分大学生开始选择回乡就业创业。大学生就业难创业难的问题得到了国家和各级政府的高度重视,尤其是近年来,各地纷纷出台政策措施,吸引大学生回乡就业创业。2014年9月的夏季达沃斯论坛上,李克强总理提出,要在960万平方公里土地上掀起"大众创业""草根创业"的新浪潮,形成"万众创新""人人创新"的新势态。此后,"大众创业、万众创新"的热潮在神州大地上掀起,大学生的创业意愿增强,高校纷纷开设或改革创业教育课程及课程体系,促进了大学生创业能力的培养,越来越多的大学生的就业意向不再局限于大城市,开始向广阔的农村寻找就业创业机会。2018年1月2日,国务院公布了2018年中央一号文件,即《中共中央国务院关于实施乡村振兴战略的意见》。2018年3月5日,国务院总理李克强在《政府工作报告》中讲到,大力实施乡村振兴战略。2018年9月,中共中央、国务院印发了《乡村振兴战略规划(2018~2022年)》,并发出通知,要求各地区各部门结合实际认真贯彻落实。随着乡村振兴的提出和实施,广大的农村开始焕发更强的生机和活力,并开始吸引越来越多的大学生投身新型农村的建设。

山东省扶贫开发办公室网站上登载了威海大学生马明臣"创业+扶贫"的故事①。马明臣2005年就读于威海职业学院,在校期间的社会实践,让马明臣萌

---

① 引自山东省扶贫开发办公室网站:http://www.sdfp.gov.cn/xjdx/201811/t20181115_3849.htm。

发了自己办厂的念头，通过多种途径进行市场调查，他最终将自己的创业项目锁定在比较熟悉的电子产业链上，在母校威海职业学院的支持帮助下，他走出了创办企业的第一步。创业之初，马明臣备尝艰辛，既是老板又是员工，既是质量监督员又是流水线上的操作员，既是会计又是出纳，既是业务员又是物流员……他一人身兼数职，为了能按时完成订单，常常通宵达旦地加班。最终，过硬的产品质量使他慢慢建立起了口碑，订单渐渐多了起来，工人也逐步稳定下来，2014年他注册成立了威海源成电子科技有限公司，事业步入正轨。马明臣的公司自成立之初就一直扎根立足在初村镇，一方面为贫困大学生提供勤工助学岗位，减轻他们的经济负担；另一方面，他和初村镇一些村庄合作，在村内设立简单的加工作坊，为老百姓特别是贫困村民提供就业岗位，让他们不用出村就能工作赚钱。马明臣的做法深受村民欢迎，这样的作业方式，既不耽误家务，也不耽误农活，解决了家里家外难以兼顾的问题。这样，村民既照顾了老人孩子，每月还可收入两三千块钱，大大提高了生活幸福感。

马明臣的事例即是大学生创业，通过开创农村企业来带动扶贫的典型案例。试想，如果贫困地区能有更多像马明臣这样的大学生创办企业，吸纳贫困农村的人口就业，不但解决了大学生和贫困人口的就业问题，同时能使贫困地区实现造血而脱贫致富，并且，这种扶贫方式能持续稳定的实现贫困地区农民增收，很大概率下不会出现脱贫后又返贫的情况。本书的研究目的之一正是寻找像马明臣事例这样的大学生就业创业促进农村小微企业成长进而助力贫困地区脱贫的路径。

大学生经过多年学习，具有较为扎实的专业知识且综合素质较高，是十分优质的智力资源。由于高等教育存在较强的同质化，加之大城市的人才需求不能使大学生都能找到满意的工作，于是出现了大学生就业难问题，但同时，人才缺乏是制约广大农村发展的重要瓶颈，若能将大量的智力资源引入农村建设，必定能使农村的发展状况产生翻天覆地的变化。随着我国乡村振兴的实施，广大农村地区为大学生的社会实践和就业创业提供了宽广的舞台，相信越来越多的大学生将通过社会实践和就业创业为农村的扶贫及今后的发展贡献自己的智慧和力量，并能进一步改善农村的人文环境，使广大农村地区得到良性循环发展。

当今，大学生到农村就业创业助力贫困地区扶贫的事例已是不胜枚举，本书从众多的"创业+扶贫"案例中摘录和截取了几个事例如下：

新华网上讲述了大学生回乡创业助力脱贫发展的三个事例[①]。

事例一：张晨是信阳翠绿农业发展有限公司的负责人，2013年毕业于国家检察官学院。2014年，张晨就回到家乡创业，结合当地的农业特色和现代的科学技术，张晨的公司得到快速发展。现在，公司以"龙头企业+基地+农户"三位一体的产业扶贫新模式正在逐步形成，家乡的贫困村民也因此受益许多。

事例二：2002年大学毕业的赵豪没有选择一份光鲜舒适的工作，而是去了一家酒厂当销售员。四年后，得益于在酒厂学习到的酒水销售知识，赵豪创办了郑州豫道商贸有限公司。豫道农业采取"公司+合作社+基地+农户"的方式，一方面持续创造贫困户的就业机会，另一方面大幅提升产品附加值，对帮助贫困户实现劳动致富和分红致富起到很大的作用。

事例三：2015年毕业于河南农业大学的孙国栋回乡创办了息县图腾种植专业合作社，结合在学校里学到的农业知识，孙国栋将家乡特有的中药材息半夏作为特色产品发展起来。孙国栋还带领团队进行实地调查，实地了解村民们平时的农业种植情况，带领村民们一起发展种植本地的特色产品，对家乡的攻坚脱贫起到了很大的作用。

宁德网上讲述了大学生自主创业助力精准扶贫的五个事例[②]。

事例一：林恩辉2010年大学毕业几个月后，辞去银行工作，走进大山建立

---

① 引自新华网：http://www.xinhuanet.com/expo/2017-08/08/c_129675557.htm。
② 引自宁德网：http://www.ndwww.cn/xw/ndxw/2017/0824/56594.shtml。

起一个全循环、生态化的立体养殖农场,林恩辉的农场采用水肥一体化管理、太阳能灭虫灯和各种生物防控技术,将生态理念贯穿于种植全过程,葡萄亩产值由6000元提高到15000元。大学毕业生林恩辉,2017年计划在晓阳镇建成一个农业创意形成与创业知识培训中心、一个创业成果展示与网络交流中心、一个农业创业实训基地、一个农业创业服务中心。在优质葡萄生产、晓阳乡村旅游等领域聚焦一批农业创新科技人才,培养一批乡村创业人才,孵化一批乡村科技创业企业,致力建成一个"乡村众创空间"。林恩辉与福安市大学生创业协会、福安市青年创业协会、福安市思锐人力资源有限公司签约,开创"大众创业、万众创新"新格局,逐步形成创意形成—创业知识培训—创业实训—创业保障—成果形成的完整链条。

事例二:王丽妃三姐妹精心创立的獭兔养殖示范基地公司,实现獭兔养殖一体化的产业,目前该公司是福建省内占地面积最大、设施最完善、技术最全面的獭兔健康生态循环产业化獭兔种兔繁育基地,新建现代标准化年出栏十万只商品兔,2014年被评为福安市农村科普示范基地和市科普惠农兴村先进单位。现在,以兔文化为主题的生态休闲庄园,集生态农业、休闲娱乐、观光体验为一体的山庄,已成为亲子活动、休闲度假的好去处,也是福安市生态休闲农业发展的一个缩影。

事例三:返乡创业大学生刘珍文成立的福安市中科生物技术有限公司,致力于农作物种植的专业技术传播和指导,特别在宁德市首次引进了营养催花技术,促进农民的增产增收。在刘珍文老家福安溪潭礃溪村,她的名气也不小,被村民亲切地称呼为"科技催花能手""庄稼医生"。贫困户刘宋良高兴地说:"我们种的杨梅和蜜柚,学了小刘指导的催花技术后,现在每亩每年能增收2000多元。"

事例四:出生于1987年的陈丹,是福安市溪潭镇王里村的第一个大学生。辞去高薪工作,回乡制作、出售麦芽糖,自称"糖三代"的她说,"源于麦芽糖是她儿时的幸福回忆"。如今，她在村里建设 QS 标准的 1000 多平方米的厂房，开发的姜糖产品销售火爆，月销量三吨左右。

事例五：在晓阳乡村众创空间，一个名为"扶贫鸡"的扶贫项目正由返乡创业大学生谢杨军倡议并发起。贫困户不出钱只出力，从鸡苗提供、到养殖技术、到销售提供全程"保姆式"的服务，贫困户只要领了鸡苗，顺利地将鸡养至出栏，就可以领到"代养费"，最低风险地实现脱贫。"已经有五户贫困户加入该项目，目前成效初显，第一批鸡已经出栏，每户可以领到两万元左右的代养费。销售渠道则是通过我们联系的月嫂、家政等机构，实现定点销售。"谢杨军说。项目还引进了物联网理念，基地安装摄像头，做到绿色农产品可追溯。宁德市自主创业高校毕业生联合会会长陈煜总结道："创业大学生挥洒青春激情，成为一个个新一代的乡村致富带头人，他们更有学识和眼界，更容易被农民所接受。目前我们协会会员企业中，有六七成的大学生都是扎根基层从事农业工作，直接或者间接的带动上万农民就业创业，为精准扶贫事业贡献青春力量。"

第三节　大学生助力扶贫的路径

一、电商扶贫

电商扶贫，顾名思义，就是将今天互联网时代日益主流化的电子商务纳入扶贫开发工作体系，作用于帮扶对象，创新扶贫开发方式，改进扶贫开发绩效的理念与实践。电商扶贫可以包括通信等基础设施建设、平台建设、物流体系构建、电商人才培训、融资补贴等具体措施。只要是有利于促进贫困地区电商发展的措施,都可纳入电商扶贫的工作范畴。传统的农村交易主要采用面对面的方式,市场形态级别低,交易场地分散,规模小,交易效率低。通过互联网的供需对接,改变了以往传统交易模式的诸多弊端,实现了消息互通,方便快捷,让贫困户的产品能够适销对路,更好更快地走出乡村。

电商扶贫作为新兴的扶贫方式,相比传统的扶贫方式,具有诸多优势:

一是成本低,投资少,见效易。一台电脑,一条宽带,直接可以开网店,对于农村贫困地区居民来说,"不耽误看孩子,不耽误做家务",还有直接收益,门槛比较低。

二是简便易行,上手快。电商扶贫非常简单易行,贫困人口可以通过简单的培训快速上手。这也给贫困户打开了一扇大门,足不出户就看到了外面的精彩世界,并带动了思想观念、思维方式的变化。

三是电商扶贫更具持续性。精准扶贫能让贫困户脱贫虽不是很难,但要帮助他们持续稳定脱贫的话,还是很有难度的。电商扶贫正好给他们开辟了一条新路,通过电商发展,慢慢地形成了本地产业链,其商业性更具可持续性。

四是电商扶贫使贫困人口更有尊严的脱贫。传统的扶贫方式大多是输血式的,而电商扶贫却是造血式的,从输血式的扶贫到造血式的扶贫,会让贫困户更有生存的能力,难能可贵的是也让贫困户更有尊严地脱贫。传统的输血扶贫,给钱扶贫帮困,却并没有什么尊严,而电商扶贫,大家都站在了同一起跑线上,便赋予了贫困人口自食其力的能力,也就显得更有尊严,会让贫困户感觉自己对社会还是有发挥作用的地方,这是电商扶贫最大的贡献。

为了使新兴的电子商务促进农村扶贫,2014年底,国务院扶贫办首次明确提出把"电商扶贫工程"列为2015年精准扶贫十大工程之一,要求"在贫困村开展电子商务扶贫试点,发挥市场化电子商务渠道的作用,促进贫困地区农产品销售和农民增收"。2015年出台的《中共中央国务院关于打赢脱贫攻坚战的决定》明确指出,要"实施电商扶贫工程"。电商扶贫成为脱贫攻坚工作的又一重要通道。从近年来的实际情况看,电商扶贫确实取得了显著成效,为贫困群众脱贫致富丰富了信息,开阔了眼界,拓展了渠道。

大学生助力电商扶贫的路径主要有以下两方面:

一是社会实践助力电商扶贫。大学生社会实践进行电商扶贫主要是指大学生利用寒暑假及课余时间对贫困地区的电子商务扶贫工作进行智力和技术帮扶。一般通过开展电子商务讲堂、定点指导帮扶等形式,对贫困地区人口进行电子商务培训,使其学会建立网上店铺、拍摄产品图片及图像处理、分析店铺数据、使用与操作店铺管理维护工具等。图4-18为山东管理学院经贸学院学生利用夏季学期开展电子商务扶贫[1]和扶贫指导[2]。

图4-18 山东管理学院学生开展电商扶贫实践活动

图片来源:山东管理学院网站。

---

[1] 引自山东管理学院网站:http://www.sdmu.edu.cn/info/1027/2126.htm。
[2] 引自山东管理学院网站:http://www.sdmu.edu.cn/info/1027/2002.htm。

第四章 大学生助力农村小微企业成长的扶贫路径

图 4-19 山东管理学院学生开展电商扶贫指导。

图片来源：山东管理学院网站。

二是就业创业助力电商扶贫。大学生就业创业助力电商扶贫主要是指大学生创办电商企业或到农村电商企业就业，通过贡献自己的才智助力当地扶贫的方式，其中，以大学生创办电子商务企业为典型代表。大学生在贫困地区通过创办电子商务企业，不仅能起到引领与示范作用，还能通过雇佣当地人员带动当地贫困人口就业扶贫。大学生电商创业带动当地扶贫的事例很多，如搜狐网报道的新乡县七里营镇毛滩村的毛贻峰的事例①、央视新闻网报道的陕西咸阳"小满粮仓"创业团队负责人张旺的事例等②。

总体而言，大学生电商扶贫实践活动既能深化大学生对所学电子商务课程知识的认知，又能使所学知识在实践中得以应用，大学生在实践过程中自身的社会

---

① 详见搜狐网网站：http://www.sohu.com/a/252106762_100230057。
② 详见央视新闻网站：http://mini.eastday.com/mobile/171228134617119.html。

·133·

价值也得到了体现，实践中带来的获得感进一步激发了大学生投身社会实践的热情与动力。同时，贫困地区通过对接大学生的社会实践，引入了优秀的智力资源，使贫困地区人口有了更多窗口认识快速发展中的世界，也能使贫困地区通过电子商务连接外地的人、财、物，不仅使本地的特色产品较快地转化为经济价值，更使区域经济更加优化配置，得到协调可持续的发展。不断涌现的大学生电子商务创业活动不仅带动了当地贫困人口的就业创业，更是盘活了贫困地区的人员、物资、信息等要素，为贫困地区持续的脱贫致富起到助力推动作用。

二、旅游扶贫

旅游扶贫，即通过开发贫困地区丰富的旅游资源，兴办旅游经济实体，使旅游业形成区域支柱产业，实现贫困地区居民和地方财政双脱贫致富①。

乡村旅游扶贫是长期有效的精准扶贫方法，是实现乡村振兴的重要途径之一。经济发展水平低的贫困地区产业基础薄弱，迫切需要寻求某种产业发展的推力。乡村旅游的发展会形成人流、物流、信息流和资金流，由城市自发而持续地向农村传输，发挥旅游乘数效应，达到发展经济的目的，成为贫困地区发展的推力。乡村旅游带来的收入主要有：土地经营权流转收入，主要是将闲置的土地由旅游项目开发业主充分利用起来取得租金收入；资产股权收入，主要是以土地、房屋等资产入股旅游项目获得的股权收入；务工收入，旅游开发后带来的就业机会增多，可提供大量就业岗位；农副产品收入，当地特色农副产品，如鸡蛋、竹笋等绿色有机农产品可发展成为旅游商品；特色工艺品收入，部分有特殊技能的农户可通过发展当地特色手工艺品如竹编、根雕等特色旅游商品收入增收；开办农家乐收入，部分贫困户可因地制宜开办农家乐，为游客提供餐饮、住宿、导游等服务实现增收。

---

① 引自百度百科：https://baike.baidu.com/item/%E6%97%85%E6%B8%B8%E6%89%B6%E8%B4%AB/5802131?fr=aladdin。

旅游扶贫是当前及未来一段时期产业扶贫的重要抓手，也是精准扶贫的重要方式之一，从国家出台各类乡村旅游扶持政策，到文旅企业、社会资本积极参与，都给旅游扶贫注入了巨大的能量和活力，也为未来旅游扶贫工作的进一步深化和推进提供了借鉴。2017年10月9日国家旅游局、国务院扶贫办、国家林业局联合印发《关于开展旅游精准扶贫示范项目申报工作的通知》，提出"通过开展旅游精准扶贫示范项目建设工作，探索形成有效的旅游扶贫模式，在此基础上形成完善的旅游扶贫体制机制，优先在全国推广复制，发挥典型示范作用"。2018年2月27日国家旅游局发布《关于进一步做好当前旅游扶贫工作的通知》，提出"全国旅游系统要深刻领会习近平总书记扶贫开发重要战略思想，牢固树立'四个意识'，贯彻落实中央经济工作会议、中央农村工作会议和全国扶贫开发工作会议的决策部署，坚持精准扶贫精准脱贫基本方略，按照优质旅游发展要求，以深入贫困地区脱贫攻坚为重点，以旅游扶贫领域作风建设为抓手，注重目标对象精准，注重科学规划引领，注重机制体制建设，注重工作举措创新，注重社会力量参与，注重激发内生动力，注重工作作风建设，注重责任监督落实，进一步提高旅游脱贫质量和成效，全面推进贫困地区旅游产业发展，有效带动贫困人口脱贫增收，坚决打好新时代精准脱贫攻坚战"。2018年中央一号文件《中共中央国务院关于实施乡村振兴战略的意见》提出构建农村一、二、三产业融合发展体系，实施休闲农业和乡村旅游精品工程。2018年两会政府工作报告提出深入推进产业、教育、健康、生态扶贫，补齐基础设施和公共服务短板，激发脱贫内生动力。

各地也鼓励大学生投身旅游扶贫的实践和就业当中。根据新华网报道[①]，2019年1月，山西省召开了《大专院校参与旅游扶贫示范村创建对接会》，山西省文旅厅向大学生参与旅游扶贫活动发出倡议书，并鼓励同学们成为旅游扶贫

---

① 引自网络：http://www.huaxia.com/zhsx/xwsc/2019/01/6002022.html。

"生力军"。山西省文旅厅希望大专院校组织学生积极参与旅游扶贫示范村创建,鼓励引导同学们利用节假日深入到旅游扶贫示范村发现乡村的美,利用朋友圈宣传乡村的美,利用专业知识为乡村旅游产业扶贫的规划、项目策划、文创产品开发等出谋划策,为旅游扶贫示范村创建做出积极贡献。山西省呼吁全省在校大学生充分认识企业参与脱贫攻坚的重要意义,主动担当,做旅游扶贫的积极参与者;全省在校大学生利用节假日深入到旅游扶贫示范村,积极作为,做脱贫攻坚的有力践行者;全省在校大学生深入贫困一线做到"真扶贫、扶真贫",求真务实,做脱贫攻坚的坚定推动者。

大学生社会实践促进旅游扶贫方面,主要是指大学生通过社会实践的形式对贫困地区的旅游资源展开调研,运用所学知识进行初步的旅游规划和设想,对贫困地区的旅游扶贫提出对策建议,此外,还可以进行志愿活动如为贫困地区的旅游景点当志愿导游等。黄山先锋网也报道了上海师范大学天华学院100名旅游学院的学生赴歙县昌溪乡万二村开展旅游扶贫实训的事例①,参加实训的100名学生旅游扶贫实训团,分成六个组,分别就"万二村如何发展民宿休闲"和"万二村食、住、行、游、购、娱"两大方面展开实地调研,并将形成调研报告。学院将对有价值的调研报告及时反馈给万二村。华声在线社区频道报道了吉首大学法学与公共管理学院志愿者的旅游扶贫②:志愿者与当地干部交流,通过考察,与村支书等共同讨论,志愿者们为太平村旅游发展献出计策。文化产业管理专业的志愿者说:"我们可以依托自身的专业优势,专业协会项目部的同学可以为太平村文化旅游项目做规划设计,而影视部的学生可以为太平村旅游拍摄宣传片,进行太平村旅游的推广。""我们也可以为当地的村民进行旅游助力精准扶贫、乡村振兴的知识宣讲,扶贫先扶志,我们从思想做起。"法学专业的学生也表示希望为太平村旅游脱贫献力。大众网报道了山东师范大学商学院学生到临沂市兰

---

① 引自网络:http://www.hsxfw.gov.cn/news.php?id=19757。
② 引自网络:https://baijiahao.baidu.com/s?id=1606202214145538109&wfr=spider&for=pc。

陵县压油沟风景区进行社会实践调研活动①。图 4-20 为山东管理学院旅游管理专业学生赴景区调研。

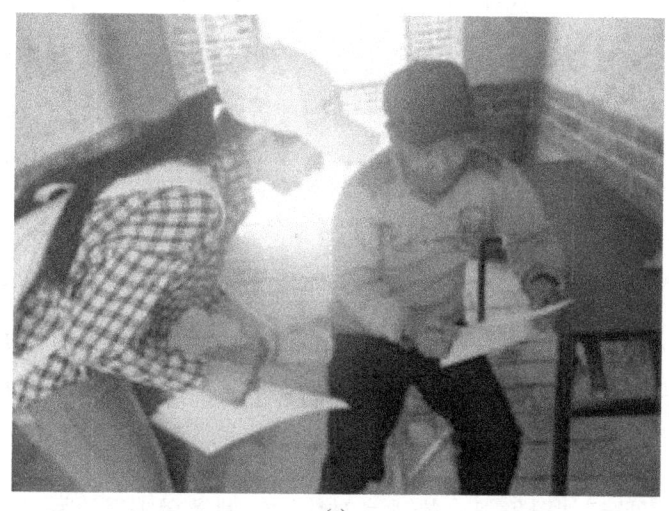

(a)

(b)

图 4-20 山东管理学院旅游专业学生赴景区调研

图片来源：山东管理学院工商学院网站。

---

① 引自网络：http://shandong.dzwww.com/sdnews/201902/t20190220_18414300.htm。

大学生就业创业促进旅游扶贫方面，大学生可以通过从事旅游方面的工作或开展旅游方面的创业活动来促进贫困地区旅游事业发展。湖南省旅游局党组书记、局长陈献春曾在第八届中国大学生 DV 文化艺术节之"湖南新主播"大学生精准扶贫创新实践活动长沙赛区决赛暨全省十强诞生赛上表示①，在当今移动互联网时代，大学生是移动互联网最活跃的创造者和参与者，旅游业则是"大众创业、万众创新"最为活跃的重点领域。目前旅游部门正在强力推动建立国家现代旅游业发展协同创新中心湖南基地、湖南省旅游创客促进联盟以及旅游创客小镇、旅游创客空间和旅游创客示范基地，加强旅游创客孵化和旅游创新型人才培养，这些措施都为大学生旅游创客到乡村创新创业提供了大有可为的宽阔舞台。陈献春希望，大学生旅游创客每天都上演创新创业的激情故事，用创意激活"互联网＋旅游"，将奇思妙想、创新创意作用于旅游业跨界融合，将文化艺术元素融入乡村旅游产品规划开发，在推动乡村旅游转型升级中精准帮扶贫困人口增收脱贫。

三、教育扶贫

近年来，不断有农村青少年犯罪的事件进入公众舆论的视野，随着经济快速发展与城市规模的快速扩张，受到多方面因素的影响，一些外出务工家长不得不把孩子留在家由祖辈抚养或寄养在亲戚家，使其成为"留守儿童"这一特殊群体。"留守儿童"作为特殊社会环境下成长起来的一代人，带有明显的时代烙印，特殊的成长环境造就了其特殊的思维模式和价值观念，特殊的成长环境和背景，决定了其特殊的成长经历，造就了他们特殊的心理素质和思维模式，易于诱发其犯罪，成为青少年犯罪的主体之一。2013 年，全国妇联根据中国 2010 年第六次人口普查数据推算，中国共有 6102.55 万农村留守儿童，相当于英国人口的

---

① 引自网络：http://travel.people.com.cn/n1/2016/1128/c41570-28903459.html。

总和①。57.2%的留守儿童是父母一方外出，42.8%的留守儿童是父母同时外出。留守儿童中的79.7%由爷爷、奶奶或外公、外婆抚养，13%的孩子被托付给亲戚、朋友，7.3%为不确定或无人监护。2016年多部门联合开展的农村留守儿童摸底排查工作统计认为，全国不满16周岁、父母均外出务工的农村留守儿童数量为902万人。留守儿童的数量从6102万到902万有以下原因：其一是留守儿童的年龄截止期限。过去的报告是以不满18周岁为口径的统计，而这次的统计口径却是不满16周岁。其二是统计范围上的差异，旧的报告是以父母一方外出即算留守儿童，而新的统计方式却是只有父母双方外出务工，或一方外出务工，另一方无监护能力的，才算是留守儿童。两相比较，数字大幅度缩水就不足为奇了。随着时间推移，大部分留守儿童已成为留守青少年，这些留守的农村青少年面临诸多因素造成了他们的犯罪问题：

一是农村留守青少年自身素质偏低。多数留守青少年正处在生理发育的关键时期，身心发展还不健全，缺乏选择和鉴别能力，直接导致部分留守青少年缺少正确的世界观和人生观，科学文化素质和道德素质偏低，心理素质也存在较大问题，很容易受社会上不良因素的影响。他们在遇到一些诱惑和重大事件时表现出缺少基本的自我约束能力、是非判断能力和抵抗诱惑的能力，极易走上违法犯罪的歧途。

二是家庭教育的诸多缺陷，是农村留守青少年犯罪的重要原因。家庭环境是影响青少年犯罪的一个重要因素。据调查，农村留守青少年案犯家庭状况普遍偏差，由于父母忙于生计，常年在外务工，只有老人小孩在家中留守，老人过于溺爱，教育不当。有的父母离异，疏于管教。家庭环境和家长的言行、品行及教育方法，对青少年的心理、品德、爱好和思想的影响至关重要。

三是社会监管不够。农村留守青少年大多年龄小，是非辨别能力差，父母的

---

① 引自百度：https：//baike.baidu.com/item/%E7%95%99%E5%AE%88%E5%84%BF%E7%AB%A5/1968574？fr=aladdin。

外出务工给他们留出巨大的自由时间和空间，一些青少年因心灵空虚而盲目寻找其他精神支柱，"网吧"也就成为一部分青少年的乐园，而网吧的老板却为了蝇头小利，不顾有关单位的明文规定，允许未成年人整天整夜地上网。在网吧，青少年可以尽情地玩游戏、上网聊天或看形形色色的影视、图片，由于受不良网络内容的诱惑，便常萌发尝试、模仿的念头，最终在我行我素中触犯刑法[①]。

农村青少年价值观研究方面，笔者通过文献法进行了研究。张进辅编撰的《青少年价值观的特点——构想与分析》一书中提出，青少年价值观是一个逐步形成与确立的过程，其受到思维方式、文化底蕴等方面的影响，进而形成青少年阶层突出的价值取向。夏纯灿（2010）指出了当下部分农村留守青少年行为示范、人格不健全、道德情感缺失等问题十分严重，提升他们的道德和人格水平已经成为很现实也很紧迫的社会系统工程。杨金莲（2012）认为加强网络文明建设并加重公共传媒应尽的责任对培育新时期农村青少年树立社会主义核心价值观具有重要意义。李慧娟（2013）认为部分留守青少年的价值主体大多以个人为中心和价值取向呈现功利化。项仲平（2013）通过抽样调查所获得数据的分析，得到了我国农村青少年网络受众的结构特征、使用习惯等方面的研究结果，提出应加强青少年媒介素养教育，特别是把农村教师、家长均纳入培养对象，以弥补社区、家庭对青少年合理引导的不足。谢剑媛（2016）从农村青少年自身因素、家庭因素、学校因素、社会因素对其价值观现状进行了剖析，认为应进行合力教育，共同培养农村青少年的价值观。

大学生是祖国未来的建设者和接班人，面对留守儿童与留守青少年的社会问题，大学生可以从自身优势出发，通过一系列活动对贫困地区的留守儿童与留守青少年进行帮扶：

一是支援教育。大学生的支教活动由来已久，支教活动，主要是支援落后地

---

① 引自网络：http://www.66law.cn/domainblog/89648.aspx。

区乡镇中小学校的教育和教学管理工作。大学生的支教活动可以分为假期的社会实践支教和毕业后的支教活动。假期的支教实践活动主要是指大学生利用寒暑假时间到贫困地区开展教育扶贫活动，图 4-21 为山东管理学院学生暑期支教实践活动[1]。大学生支教实践活动是促进改善地区的教育资源贫乏问题、实现对教育贫乏关爱的手段，有助于提高全社会对教育贫困地区的关注度，让更好的教育、更深厚的知识传递到每一角落。大学生支教实践活动能让一些大学生得到个人能力的提升以及品格的完善，通过准备教案，他们提高了自己的思维能力和专业素养；通过与孩子沟通，他们可以提升自己的爱心耐心。支教对于大学生来说是一种很好的锻炼，能把所学的知识，传授给学生，对于偏远地区的学生来说，大学生支教能给他们传授更新鲜、有趣的知识，有助于他们成长成才。大学生毕业后的支教可以有以下几种：如果是应届毕业生，可以参加团中央教育部等四部委联合发起的"大学生志愿服务西部计划"，该项计划从 2003 年开始实施，按照公开招募、自愿报名、组织选拔、集中派遣的方式，每年招募一定数量的普通高等学校应届毕业生或在读研究生，到西部基层开展为期 1~3 年的教育、卫生、农技、扶贫等志愿服务；如果是应届毕业生，还可以参加由本省组织的志愿者支教活动，其实就是各个省仿照团中央的西部计划而在本省开展的支教活动；如果是在职的，可以参加团中央的"扶贫接力计划"，该计划是采取公开招募和定期轮换的方式，动员和组织青年以志愿服务的方式到贫困地区开展为期半年至两年的教育、农业科技推广、医疗卫生、乡镇企业发展等方面的服务工作，服务期满后，由下一批志愿者接替其工作，从而形成接力机制。它是共青团组织在扶贫开发领域长期实施的一项重点工作，是贯彻落实科教兴国战略和国家"八七"扶贫攻坚计划的具体措施。此外，关于支教的途径方面，我国支教的社会组织团体有很多，如中华支教、天使支教、为中国而教等。

---

[1] 引自山东管理学院工商学院网站：http://gsxy.sdmu.edu.cn/info/1002/1735.htm。

(a)

(b)

图 4-21 山东管理学院学生暑季开展支教活动

(c)

图 4-21 山东管理学院学生暑期开展支教活动（续）

图片来源：山东管理学院工商学院网站。

二是关爱心理健康。2015 年湖南省邵东县廉桥镇新廉小学的数学老师被三个学生杀害，三个凶手均为该校的未成年学生——一名 13 岁的初三学生、一名 12 岁的初二学生，以及一名 11 岁的小学六年级学生。这就是当年震惊全国的湖南邵东诛师案[①]。他们诛师的原因也很简单——因为没钱，想随便找个人抢劫，在校园内闲逛时正好碰上了孤身一人的女老师。

不幸的是，与上述案件类似的事件近年来在农村贫困地区屡有发生。家庭贫困，父母外出务工或忙于务农，平日都是由祖辈来照顾，是留守儿童身上的共同特征。由于缺乏监护人的管教，沉溺网络暴力游戏、吸烟、偷东西等不良行为已

---

① 引自搜狐网：http://www.sohu.com/a/225549199_180419。

经成为他们的日常习惯。2015年21世纪教育研究院发布的《教育蓝皮书》指出，我国未成年人犯罪年龄趋于低龄化。对14~18岁的未成年人犯罪调查结果显示，约35%是16岁犯罪，31.2%是15岁犯罪，14周岁未成年人犯罪所占比例有所增加，达到20.11%，而在2001年，这个比例为12.3%。蓝皮书还指出，贫困地区学龄儿童心理健康状况堪忧，在性格、情绪、行为、人际关系、学习适应等方面都表现出比大城市学龄儿童更多的心理问题，尤其是离家出走、逃学、偷窃、破坏财物、作弊等严重行为问题方面的发生比例几乎是大城市儿童的两倍甚至好几倍。乡镇中心校学龄儿童的心理健康状况尤其差。

贫困地区儿童的心理健康问题引发了社会各界的关注，不断有媒体倡议展开的心理服务体系多去关爱这些生长在角落里花朵，组织有爱心、有资质的心理服务人员定期对他们进行心理辅导，使他们在心理上也能"脱贫"[①]。

大学生关爱留守儿童的心理健康，可以从以下两方面开展：一是开展专业的心理健康帮扶活动，如心理辅导等；二是通过开展关爱活动，促进贫困地区儿童和青少年的心理健康成长，如网络上报道的"大学生暑期社会实践、关爱农村留守儿童"[②]活动等。专业的心理健康帮扶活动需要心理学专业的大学生或有心理咨询等级证书的大学生来开展，他们可以发挥其扎实的专业知识，对贫困地区儿童和青少年进行有效帮扶，并通过帮扶活动深化自己的心理学专业知识。贫困地区儿童和青少年的关爱活动则需要有爱心的大学生通过开展各类关爱活动，使贫困地区儿童和青少年感受到来自社会的关爱和温暖，使其在一定程度上克服家庭关爱缺失带来的孤独感，只有感受到温暖的贫困地区儿童和青少年才能更好地成长成才。

总之，教育扶贫是区别于经济扶贫的一种深层次扶贫形式，它关注的是贫困地区"人本身的问题"，注重以促进贫困人口的自身发展和提高来实现长效扶

---

① 引自西平县政协网站：http://www.xpxzx.gov.cn/a/tiangongzuo/2018/0508/1154.html。
② 引自网络：https://baobao.baidu.com/article/27f730de2f1c25dd72f13c35f095a5fa.html。

贫。支教扶贫主要是起到学校教育的补充作用,帮助贫困地区儿童和青少年学习知识,并帮助其树立正确的人生观、世界观和价值观。对贫困地区儿童和青少年的关爱心理健康活动,则是从儿童和青少年成长发展的角度,关注其心理健康,使贫困地区的儿童和青少年成为更为完整的人。在最初的扶贫活动中,主要侧重于增加贫困地区人口的经济收入,使其能够满足温饱,在满足了温饱之后,扶贫活动开始向更深层次发展——我们知道,发展贫困地区的经济不是目的,而是手段,发展贫困地区经济的目的是使贫困人口更好地生活。所以说,教育扶贫是更深层次的扶贫活动,也将使扶贫工作的效果更加彻底。

四、科技扶贫

科技扶贫也是我国很早就采用的一种扶贫形式,国家科委于1986年提出并组织实施了科技扶贫,其宗旨是应用适用的科学技术改革贫困地区封闭的小农经济模式,提高农民的科学文化素质,提高其资源开发水平和劳动生产率,促进商品经济发展,加快农民脱贫致富的步伐[①]。

科技扶贫是针对贫困地区生产技术落后和技术人员缺乏的状况提出的,主要有三个特征:一是强调自我发展。以市场为导向,以科技为先导,引导贫困地区合理开发资源,将资源优势转化为经济优势,同时努力提高贫困农民参与市场竞争的能力,实现自我发展的良性循环。二是注重引进成熟、适用的技术。农业技术具有强烈的地域性和适应性,科技扶贫在向贫困地区引进技术时,必须是成熟技术,而且要适合贫困地区的实际情况。三是注重将治穷与治愚相结合。科技扶贫通过农业、科研、教育三结合等形式,一方面建立健全科技示范网络、组织开展各种类型的培训;另一方面建立全国农村科普网络,大力开展科普宣传,弘扬科学精神,提高农民素质。1986年以来,有关部门配合贫困地区各级政府,充

---

① 引自百度百科:https://baike.baidu.com/item/%E7%A7%91%E6%8A%80%E6%89%B6%E8%B4%AB/2766666。

分依靠广大科技人员和农民群众，相继在大别山、井冈山、陕北地区的55个贫困县以及一些少数民族贫困地区开展科技扶贫，取得了显著的成效①。

易明、杨树旺2018年在人民网上发表的文章《探索建立科技助力精准扶贫的长效机制》认为，探索建立科技助力精准扶贫的长效机制，是落实精准扶贫精准脱贫基本方略、推进贫困地区创新驱动发展的有效途径。具体而言，应围绕"产业扶贫、智力扶贫、创业扶贫、协同扶贫"，重点抓好以下几个关键环节：构建产业技术支撑体系，支持产业扶贫；建立科技人才支撑体系，促进智力扶贫；完善创新创业服务体系，助力创业扶贫；创新科技扶贫工作机制，推进协同扶贫。国家的科技扶贫主要侧重于以下两个方面：一是推进贫困地区科技人才队伍建设。依托高校院所人才智力优势，对贫困地区精准识别的乡土人才、返乡农民工、大学生村官、科技示范户以及有劳动能力和学习意愿的贫困户等开展形式灵活多样的实用技能培训和就业创业培训，重点帮助解决产业关键技术问题和商业模式创新等问题，为贫困地区培养爱农业、懂技术、善经营的科技致富带头人、新型职业农民和本土科技服务人才。二是加强贫困地区科普工作。加快贫困地区科普设施建设，建立完善多元化、多渠道的科普投入体系，建设一批资源充足、设备齐全、服务规范、群众满意度高的综合性公共文化设施和场所，给予贫困地区自建科技文化场馆一定的政府资金支持。提升贫困地区科普服务能力，加大科普资源倾斜力度，推进公共数字文化服务进村入户，组织编写科普技术图书等优质科普教材，开展科普课堂等品牌科普活动，不断创新扶贫科普传播模式。

大学生助力科技服务的主要路径是科技培训帮扶工作，主要涉及贫困地区的种植、养殖、加工等行业。大学生一般采用开展科技讲座和实施技术培训等形式进行科技扶贫。科技扶贫作为我国传统的扶贫模式之一，近年来也涌现了大量的大学生科技扶贫事例，如湖南频道报道的邵阳学院食品与化学工程学院三下乡

---

① 引自百度：https://baike.baidu.com/item/%E7%A7%91%E6%8A%80%E6%89%B6%E8%B4%AB/2766687。

"向阳花"科技支农服务团走访调研隆回县北山镇等百合种植基地解决土壤脱毒难题的事例①、校园网报道的浙江工商大学"机械换人"暑期实践队开展的"机械为刃,破茧成蝶"系列调研活动②、中国青年网报道的山东科技大学"益科"技术服务队临沂分队到山东省临沂市兰陵县大仲村镇下流井村的科技扶贫实践活动③。因大学生科技扶贫实践由来已久且事例众多,本书不再赘述。

五、法律扶贫

法律扶贫主要是司法行政机关的扶贫方式。在2018年1月24日召开的全国司法厅(局)长会议上,司法部党组书记、部长张军明确道,"要积极做好面向弱势群体的法律服务,要通过无偿、政府购买服务等多种形式,为他们提供贴身、贴心、周到、管用的法律服务。"

要理解法律扶贫,首先要理解法治扶贫,即用法治的力量为脱贫攻坚战保驾护航。2017年,四川省委政法委牵头制定并印发了《四川省政法机关聚焦法治扶贫助力脱贫攻坚的指导意见》,首次将"法治扶贫"写入文件。首先,法治扶贫,可以帮助农民树立正确的权利意识。哪些是自己的合法权利,哪些不是权利,一些农民对此还很模糊,于是出现了很多不合法治的现象:该维护争取的权利却放弃了,不该有的权利,却可能死要面子去争取。法律的权威并没有在农村得到很好的贯彻,法治扶贫,就是要补上、补好农民权利意识这一课。其次,法治扶贫,可以帮助农民找到正确的维权方式。和解、调解、申诉、仲裁、诉讼都是维权方式,维权要讲方法,讲成本。不当和解,不当追责,达不到当事人的预期目的。法治扶贫,就要告诉农民维权的正确打开方法。最后,法治扶贫,可以帮助农民确立正确的和谐理念。农民有了权利意识,也会产生副作用,如不当维

---

① 引自网络:https://hn.rednet.cn/c/2018/07/21/4685972.htm。
② 引自网络:http://campus.univs.cn/sj/201808091182788.shtml。
③ 引自网络:https://baijiahao.baidu.com/s?id=1573901953167115&wfr=spider&for=pc。

权，谋求个人利益最大化，阻碍一些有利于社会发展的建设。当此时，就要帮助农民深刻领会既要有个人权利意识，又要学会协调、开放、共享等新发展理念，寻求个人和公共利益的最佳结合点，让个人和社会实现双赢。

国家各级司法行政机关的法律扶贫工作主要集中在以下几个方面：一是实施贫困人口法律援助；二是加强矛盾纠纷预防化解；三是加强贫困村法律顾问工作；四是强化社区矫正人员帮教工作；五是抓好法治宣传教育。

大学生的法律扶贫主要是在国家各级司法行政机关的法律扶贫工作的框架体系下，在力所能及的范围内的法律知识讲解和法律援助活动。因法律扶贫专业性强，往往需要法律知识扎实的法律专业的大学生来开展。法律扶贫活动多以社会实践的形式出现，如白山市长安网报道的吉林财经大学和吉林华侨外国语学院暑期实习大学生志愿者开展"精准扶贫送法下乡"活动[①]、中国青年网报道的井冈山大学政法学院"筑梦新时代法治乡村行"暑期社会实践宣讲服务团开展的法律援助活动[②]等。

六、文艺扶贫

近年来，各地正探索文艺扶贫的新模式、助力全面建成小康社会。原文化部发布的《"十三五"时期文化扶贫工作实施方案》中指出，推动贫困地区艺术创作生产，扶持扶贫题材艺术作品创作，加大对贫困地区的艺术培训力度。中国文联印发《关于开展"文艺扶贫奔小康"志愿服务行动的通知》，在全国范围启动实施"文艺扶贫奔小康"志愿服务行动，文艺正助力精准扶贫。

在大多数贫困地区，思想观念落后是造成贫困的主要原因之一，而文艺能够给当地人们提供精神力量，从根本上改变现状。文艺具有地域性、多样性、系统性、动态平衡性等特点，文艺精准扶贫需要有特定的思维模式、独特的理论体系

---

① 引自网络：http://www.jlpeace.gov.cn/changan/f/baishan/detail_zt_2405.html。
② 引自网络：http://sxx.youth.cn/jxqc/sjjs/201807/t20180724_11678061.htm。

和方法体系,要加强对文化扶贫规律特点的研究,处理好"扶贫"和"扶智","送文化"和"种文化","普惠"和"精准"等之间的关系。文艺扶贫也许不能够产生立竿见影的效果,但能够产生润物细无声的效果——文艺扶贫需要一点一滴地长久积累,实实在在地实施扶贫。从小事做起、从点滴生活做起,帮助贫困地区百姓实现从认识到思想观念,再到实际生活的转变。使我国的扶贫事业最终不仅做到了经济扶贫,还做到了精神扶贫,真正地把精神富足和经济富裕带给老百姓。

大学生开展文艺扶贫活动主要是从文艺知识教育、文艺展出演出等方面开展。文艺扶贫活动形式多样,如中国新闻网报道的福建师范大学协和学院文化产业系大学生艺术课教学的志愿活动①、中青在线报道的南开大学赴甘肃省庄浪县暑期艺术社会实践团的画作展出②、搜狐网报道的玉林师范学院大学生艺术团"青春扶贫·文艺筑梦"社会实践团开展的以"助力脱贫攻坚·共创和谐家园"为主题的暑期文艺下乡文艺会演③等。

七、管理咨询

管理咨询是借助服务提供者的丰富知识、经验,在企业提出要求的基础上深入企业,并且和企业管理人员密切结合,应用科学的方法,找出企业存在的主要问题,进行定量和确有论据的定性分析,查出存在问题的原因,提出切实可行的改善方案,进而指导实施方案,使企业的运行机制得到改善,提高企业的管理水平和经济效益④。管理咨询主要包括经营战略咨询、组织结构咨询、制度体系咨询、管理流程梳理、营销分析、生产管理咨询、业务流程咨询、人力资源管理与

---

① 引自中新网:http://www.chinanews.com/df/2016/07-21/7946970.shtml。
② 引自中青在线:http://zqb.cyol.com/html/2018-11/30/nw.D110000zgqnb_20181130_3-08.htm。
③ 引自搜狐网:http://www.sohu.com/a/155824034_649538。
④ 引自百度百科:https://baike.baidu.com/item/%E7%AE%A1%E7%90%86%E5%92%A8%E8%AF%A2/255592?fr=aladdin。

开发咨询、企业信息化咨询、运营咨询等。

大学生可以对贫困地区小微企业进行管理咨询帮扶，使这些小微企业得到更好的成长和发展。大学生管理咨询的帮扶主要有社会实践帮扶和开办管理咨询公司帮扶两种形式。

大学生社会实践进行管理咨询帮扶的方式主要有以下几种：

一是开展管理经营知识的培训。相关专业的大学生可以用在校所学经济学、管理学方面的知识，对贫困地区小微企业经营管理者进行专题培训，使他们掌握更为专业的经营管理知识，提高企业的经营管理质量。贫困地区信息较为闭塞，大多数贫困地区人口对于教育重视不足，很多贫困地区小微企业的经营管理者自身也没有学习的意识和习惯，其管理企业的方式往往较为粗放，故很多农村小微企业因不能跟上外在环境的变化或自身经营不善而倒闭。对于这些贫困地区小微企业的经营管理者来说，经营管理知识与技能亟待加强。相关专业的大学生可以通过对贫困地区小微企业进行调研，了解其需求痛点，整合运用所学知识，以专题讲座的形式授之以渔。

二是企业问题诊断服务。贫困地区小微企业的成长发展困难，除了存在融资难等外在因素之外，更多的是企业自身的问题。这些问题没有被及时发现和克服，势必影响着企业的成长发展。管理类相关的大学生可以根据各自专业优势组建实践团队，对贫困地区小微企业进行调研，运用各自专业知识对这些小微企业进行问题诊断，并最终以企业问题诊断报告书的形式呈现给企业所有者，为其提供对策建议、建言献策。

三是商业策划。新一代的年轻大学生不仅有着较为扎实的专业知识，而且观点新颖，可以发挥自己的才智和想象力，为贫困地区的小微企业开展各类商业策划，如促销活动的开展、产品组合策略、平面广告的设计等。大学生为贫困地区小微企业开展商业策划活动，不仅使自己所学专业知识得到了综合运用，更可以通过开展活动深化自己所学知识的认识并不断更新自己的理论知识，贫困地区的小微企业也能在活动中获得更好的收益。

四是产品宣传和销售渠道拓展。贫困地区小微企业资金实力比较薄弱,其产品也往往因为没钱打广告而知名度低,导致贫困地区有些物美价廉的商品缺少销路。当前互联网飞速发展,各种"互联网+"销售模式层出不穷。大学生可以通过各种媒介帮助贫困地区的小微企业宣传产品,并可以用微信、电商等互联网形式销售其产品,拓宽其销售渠道。

大学生可以通过开办管理咨询公司来服务贫困地区的小微企业,为其带来实惠的管理咨询服务。

第四节 大学生扶贫的保障机制

一、合作博弈

合作博弈亦称为正和博弈,是指博弈双方的利益都有所增加,或者至少是一方的利益增加,而另一方的利益不受损害,因而整个社会的利益有所增加。本书研究的大学生助力小微企业成长的扶贫方式正是这样一种博弈。

关于合作博弈理论的学者研究方面,Von Neumann & Morgenstern(1944)合著"Theory of game and economic behavior"正式提出了合作博弈概念。Nash(1951)客观地描述了合作博弈和非合作博弈之间的紧密关系。Shapley(1953)提出了 Shapley 值作为合作博弈的解,给出了一种解决 n 人合作对策问题的数学方法。同年,Gillies 引进核(Core)的概念作为研究稳定集合的工具。Schmeidler(1969)提出以超出值来衡量联盟的态度,最小化联盟的不满为合作博弈的解——核仁(Nucleolus)。近几年,学者们在研究各类供应链体系利益分配问题时，注重将风险、政府政策等修正因子引入 Shapley 模型，对利益分配策略进行了修正，同时结合模糊理论，利用模糊 Shapley 值法来制定供应链合作博弈、双合作博弈的收益分配策略。Shapley 值与马尔科夫过程结合形成的算法，能有效解决多 Agent 系统联盟的形成问题和效用分配问题。国内研究方面，合作博弈理论主要用来分析联盟的分配问题，或从分配的角度看待联盟或个人的合作机制。李丽娟等（2006）运用修正的 Shapley 值法，建立了针对企业之间知识合作剩余的分配模型。郑士源等（2009）则运用动态合作博弈理论中的最大一致集，找出了各种联盟形式中最稳定的结果。温国兴（2013）借助合作博弈理论的思想建立了营销联盟演进模式，为企业的营销战略提供了相关建议。赵璇（2017）基于合作博弈理论建立了一种更加贴近现实问题的产学研收益分配模型。李志强等（2017）研究了创新网络内企业合作博弈问题，为在创新网络内的企业寻求合作时提供了一定的引导和参考。方劲（2018）研究了乡村贫困治理中政府与社会组织的互动关系，认为大量公共服务类社会组织在当前中国行政治理体系异常强大、社会主体性发育水平尚处低位、公共性发展遭遇现实困局的时代背景下，嵌入到乡村发展干预场域中，不仅发挥了贫困治理的实际功能，还赢得了组织自身的生存与发展空间。

本书引入合作博弈理论探讨大学生就业创业与农村小微企业成长存在合作的可能性，既可以使大学生在就业创业过程中深入当前小微企业实际，部分解决大学生创业中遇到的一些瓶颈问题，又可以使农村小微企业获得一定的智力支持和辅助决策支持。

二、保障机制

大学生助力扶贫主要涉及贫困地区政府、高校、大学生三方。这三方都有明确的诉求：对于贫困地区政府来说，要脱贫致富；对于高校来说，要增强学生的培养质量；对大学生来说，要加强自身理论知识与实践能力。要形成扶贫攻坚的合力，需要三方共同做好以下工作：

贫困地区政府的任务是铺路搭桥，畅通大学生助力扶贫的途径。贫困地区政府可以寻求与高校合作，将高校的智力资源引入贫困地区，提供大学生社会实践、就业创业的渠道条件。对社会实践来说，贫困地区政府可以帮助桥接大学生社会实践的场所，要保证大学生的安全，以使社会实践活动顺利开展。对就业创业来说，贫困地区政府可以出台大学生返乡就业创业的政策条件，使其就业创业有良好的政策环境。

高校的任务是进行教学和课程改革，加强德育和实践环节培养。高校可以通过教学和课程改革，增加实践环节的课时量，对学生的实践和创业活动进行学分认定，加强德育工作，倡导大学生勇于担当社会责任。高校需要搭建学生的实践和就业创业平台，鼓励大学生深入了解农村实际，鼓励大学生利用寒暑假实践参加贫困地区的扶贫活动。

大学生的任务是学好专业知识，积极参加课程时间和社会实践。所谓学以致用，包括两点：一是学好，二是用到。大学生只有同时做好这两点，才是祖国合格的建设者和接班人。大学生应将所学知识积极实践，并通过实践的反馈来检验知识，深化知识，并在不断实践中探索真知，实现自己的人生价值。

第五章 结论与研究展望

第一节 研究结论

本书的研究从当前的两个问题出发：一是大学生创业就业中存在着就业难创业项目不切实际等问题，二是农村小微企业管理绩效低经营决策效能差等问题。本着解决问题的想法和目的，本书尝试寻找到大学生就业创业与农村小微企业成长的衔接路径并找到大学生助力农村小微企业发展的有效范式，以实现以下双赢目的：

（1）通过大学生社会实践、大学生志愿服务等活动，丰富大学生就业创业实践，尤其使不同专业的大学生在帮扶农村小微企业成长的过程中得到实践锻炼的平台以促进大学生学以致用。

（2）农村小微企业通过引入大学生的智力支持和辅助决策，能够在相应指导下提高管理绩效，不断生存发展壮大并吸纳农村就业，有利于改变扶贫中的被动输血方式，更加彻底地扶贫。

本书的研究先是从文献入手，探讨了扶贫模式、扶贫政策和扶贫实践。又根据研究目的将研究分为两方面：一是研究了农村小微企业的特点、现状及存在的问题，二是研究了大学生社会实践和就业创业问题。最后，提出了大学生助力农村小微企业成长的两种方法：社会实践与就业创业，并提出了大学生助力扶贫的七种路径：电商扶贫、旅游扶贫、教育扶贫、科技扶贫、法律扶贫、文艺扶贫和管理咨询。

第二节 研究展望

本书的研究因笔者自身水平、掌握资料不够全面、研究时间不够长等因素，还存在着很多研究不足：

一是没有进行深入的定量研究。对于大学生参与社会实践、大学生就业创业问题，在进一步的研究中可以采用定量研究的方式，以求得到更精确的研究结果；

二是缺少第一手的数据资料。限于笔者自身没有能力抽取足够大的样本研究，本书的研究数据主要来源于各级政府、各级统计局，或是来源于一些社会研究报告。在进一步的研究中，我们需要深入探访得到大量一手数据，并对数据进行研究分析。

三是没有探索出大学生助力农村小微企业成长扶贫的更多、更具体的做法。因大学生助力农村小微企业成长方面的前人研究较少，这方面的研究还有很多的路要走，需要在进一步的研究中不断总结凝练。

扶贫工作是一项全面性、立体性的工作，我们力求贫困地区人口不但在经济上脱贫，也要在精神上脱贫。除了本书研究提出的路径之外，还有很多其他路径和方法，需要我们在今后的研究实践中不断探索。我们还应看到，脱贫并不是贫困地区的终极目的，实现全面小康社会后，相对贫困人口还将持续存在，如何帮助相对贫困地区实现更好的发展从而实现区域的协调可持续发展，依然任重道远。

参考文献

[1] 白凤峥,李江生.旅游扶贫试验区管理模式研究[J].经济问题,2002(9):23-25.

[2] 白山市开启"保险+政府平台+N"金融扶贫新模式[J].吉林农业,2016(24):7.

[3] 白双喜.苏尼特草原扶贫开辟的新模式[J].致富之友,2003(11):44.

[4] 白雪,马丹.浅析农村小微企业的发展状况[J].现代经济信息,2017(17):65.

[5] 毕正华.当前中国财政扶贫问题及其对策分析[J].江西社会科学,2005(9):247-249.

[6] 蔡红燕,杨志稳.精准扶贫与保山布朗族传统社区发展研究[J].保山学院学报,2017,36(6):31-39.

[7] 蔡雄,程道品.安顺地区旅游扶贫的功能与模式[J].理论与当代,1999(7):34-36.

[8] 曹保明.民间文艺在文艺扶贫中的作用[N].中国艺术报,2017-01-16(06).

[9] 曹海芹. 板块式扶贫开发模式研究——以宝鸡市"突破西山"扶贫开发探索实践为例 [J]. 理论导刊, 2009 (8): 71-74.

[10] 曹洪军. 论大学生就业的供给侧结构性改革 [J]. 学术论坛, 2016, 39 (5): 159-163.

[11] 曹洪民. 中国农村扶贫模式研究的进展与框架 [J]. 西北人口, 2002 (4): 2-6.

[12] 曹洪民. 中国农村开发式扶贫模式研究 [D]. 北京: 中国农业大学, 2003.

[13] 曹洁. 精准扶贫背景下山东Y县农村危房改造政策执行问题研究 [D]. 长春: 东北师范大学, 2018.

[14] 岑燕坤. 贵州省两种扶贫项目管理模式的对比研究 [J]. 贵州民族学院学报 (哲学社会科学版), 2002 (3): 71-74.

[15] 常近时. 寓生态建设于经济开发之中——谈毕节地区开发扶贫、生态建设的发展模式及其意义 [J]. 经济工作通讯, 1992 (6): 23-24.

[16] 常盼盼. "互联网+"背景下科技扶贫助力乡村振兴战略——以安徽省六安市为例 [J/OL]. 现代商业, 2019 (2): 1-2 [2019-03-02]. https://doi.org/10.14097/j.cnki.5392/20190225.002.

[17] 车明华. 大学生创业瓶颈分析与对策研究 [J]. 太原城市职业技术学院学报, 2011 (9): 109-110.

[18] 陈博, 黄思. 关于农村小微企业发展现状的调研报告——基于重庆涪陵地区实际情况 [J]. 知识经济, 2018 (11): 60, 62.

[19] 陈成文. 论可持续发展中的扶贫机制 [J]. 攀登, 1998 (4): 49-54.

[20] 陈从军, 杨瑾, 姚健, 袁源. 大学生创业风险认知影响因素分析 [J]. 高等工程教育研究, 2018 (1): 176-181.

[21] 陈国军. 新媒体时代高校大学生创业能力培养：要素整合的视角 [J]. 现代教育管理，2018（2）：66-70.

[22] 陈建安，金晶，法何. 创业胜任力研究前沿探析与未来展望 [J]. 外国经济与管理，2013，35（9）：2-14，24.

[23] 陈洁. 宜兴市农村扶贫问题研究 [D]. 雅安：四川农业大学，2012.

[24] 陈娟. 以"互联网+精准扶贫"为载体 落实甘肃乡村振兴战略的对策建议 [J]. 社科纵横，2018，33（10）：51-53.

[25] 陈凌建. 中国农村反贫困模式：历史沿革与创新 [J]. 财务与金融，2009（6）：90-95.

[26] 陈默. 金融风暴下的中国扶贫新模式 [J]. 决策探索（上半月），2009（11）：65-66.

[27] 陈琴. 三峡库区旅游扶贫模式研究 [J]. 安徽农业科学，2011，39（19）：11635-11637.

[28] 陈权，尹俣潇. 大学生创业自我效能感及影响因素实证研究 [J]. 高校教育管理，2015，9（6）：115-120.

[29] 陈诗慧，张连绪. 新常态下高职创新创业教育的现实困囿与推进路径 [J]. 职教论坛，2017（4）：71-77.

[30] 陈爽. 乡村旅游精准扶贫利益相关者研究 [J]. 北方经贸，2019（2）：158-160.

[31] 陈文娟，姚冠新，徐占东. 大学生创业意愿影响因素实证研究 [J]. 中国高教研究，2012（9）：86-90.

[32] 陈文娟. 大学生创业动机影响因素——以江苏省高校大学生为例 [J]. 中国科技论坛，2015（9）：138-142.

[33] 陈小林. 麟游县扶贫开发研究 [D]. 杨凌：西北农林科技大学，2006.

[34] 陈修岭. 我国城市化进程中的农村青少年乡村文化认同危机与对策研究 [J]. 山东青年政治学院学报, 2018, 34 (4): 19-23.

[35] 陈迎明. 影响大学生就业因素研究十年回顾: 2003~2013——基于 CNKI 核心期刊文献的分析 [J]. 现代大学教育, 2013 (4): 35-44.

[36] 陈勇, 徐小燕. BOT 模式在我国西部旅游扶贫项目中的应用 [J]. 商业研究, 2005 (7): 167-169.

[37] 成彦. 农村留守儿童及青少年情感与社会适应状况研究 [J]. 龙岩学院学报, 2007 (4): 143-145, 148.

[38] 程斌, 程业炳. 大学毕业生创业瓶颈问题成因及对策探析 [J]. 安徽科技学院学报, 2013, 27 (2): 111-115.

[39] 程鹏. 当前大学生就业瓶颈与对策探析 [J]. 新西部 (理论版), 2015 (21): 125, 119.

[40] 程少贵. 农村留守青少年学生心理卫生问题与健康危险行为研究 [D]. 合肥: 安徽医科大学, 2008.

[41] 程玉英, 周晓辉. 河北省产业扶贫模式创新研究 [J]. 合作经济与科技, 2017 (24): 188-189.

[42] 崔丽媛. 山东临沂: 交通扶贫 "1+6" 新模式 [J]. 交通建设与管理, 2017 (7): 44-47.

[43] 崔玉娈. 大学生就业能力的国内外研究综述与问题解析 [J]. 黑龙江高教研究, 2011 (7): 21-24.

[44] 寸家菊, 徐孝勇. 西部少数民族贫困山区扶贫模式研究——以四川省昭觉县为例 [J]. 西南农业大学学报 (社会科学版), 2008 (3): 23-27.

[45] 打造就业扶贫山东模式 [J]. 山东人力资源和社会保障, 2018 (7): 66.

[46] 邓绍平, 邹莹. GB 模式在扶贫中的作用 [J]. 老区建设, 2000

(11)：35-36.

[47] 邓玮．社区为本：农村留守青少年犯罪风险的社工干预策略——以抗逆力提升为介入焦点［J］．西北农林科技大学学报（社会科学版），2014，14（5）：84-90，108.

[48] 邓晓丹，孟桂云．文科大学生的就业瓶颈与职业素质养成［J］．现代教育科学，2007（9）：120-123.

[49] 丁焕峰．国内旅游扶贫研究述评［J］．旅游学刊，2004（3）：32-36.

[50] 丁玉宝，张永清．对市场经济体制下扶贫机制的再思考［J］．中国贫困地区，1999（9）：47-51.

[51] 董云飞，郑丽波．培养大学生创新创业能力的策略思考［J］．黑龙江社会科学，2014（5）：157-159.

[52] 窦莉，任玉婷，阮方鹏．农业科研单位科技支撑乡村振兴战略的实践与思考——以安徽省农业科学院为例［J］．农业科技管理，2019，38（1）：53-56.

[53] 窦祎卓，佟欣，沈致远，董冰怡．关于河北省推进旅游扶贫的政策与路径研究［J］．河北企业，2019（2）：79-80.

[54] 段成荣，吕利丹，郭静，王宗萍．我国农村留守儿童生存和发展基本状况——基于第六次人口普查数据的分析［J］．人口学刊，2013，35（3）：37-49.

[55] 段成荣，杨舸．我国农村留守儿童状况研究［J］．人口研究，2008（3）：15-25.

[56] 段成荣，周福林．我国留守儿童状况研究［J］．人口研究，2005（1）：29-36.

[57] 段金萍．国外扶贫开发模式及对中国的启示［J］．世界农业，2018（5）：125-128，181.

[58] 段利民，杜跃平．创业环境对大学生创业意愿的影响：兼对GEM模型

的再检验 [J]. 技术经济, 2012, 31 (10): 64-70, 97.

[59] 段明, 张朝硕, 肖海金, 刘家寿, 李钟杰, 李伟. 贫困山区生态渔业扶贫模式的实践与思考——从湖北恩施到贵州六盘水 [J]. 中国科学院院刊, 2019, 34 (1): 114-120, 2.

[60] 段鹏, 孙宗一, 董新凯. 大数据助推扶贫监管的创新模式与有效路径探析——以江苏省为例 [J]. 现代管理科学, 2018 (12): 85-87.

[61] 鄂义强, 刘晓莉. 供给侧结构性改革视域下构建大学生创业生态环境的策略思考 [J]. 东北师大学报 (哲学社会科学版), 2018 (1): 183-188.

[62] 范方, 桑标. 亲子教育缺失与"留守儿童"人格、学绩及行为问题 [J]. 心理科学, 2005 (4): 855-858.

[63] 范广达. 扶贫攻坚, 法律不能缺位 [J]. 人民论坛, 2018 (5): 88-89.

[64] 范先佐. 农村"留守儿童"教育面临的问题及对策 [J]. 国家教育行政学院学报, 2005 (7): 78-84.

[65] 范远江. 四川藏区扶贫开发态势及思路创新 [C]. 四川大学, 中国藏学研究中心. 西藏及其他藏区经济发展与社会变迁论文集. 成都: 四川大学中国藏学研究所, 2006: 11.

[66] 方劲. 合作博弈: 乡村贫困治理中政府与社会组织的互动关系——基于社会互构论的阐释 [J]. 华中农业大学学报 (社会科学版), 2018 (3): 100-107, 157-158.

[67] 风笑天. 我国大学生就业研究的现状与问题——以30项重点经验研究为例 [J]. 南京大学学报 (哲学·人文科学·社会科学版), 2014, 51 (1): 60-69, 158.

[68] 冯建喜. 扶贫助弱的"凤县模式" [J]. 西部大开发, 2007 (10): 70-73.

[69] 冯磊, 曹英, 王蕊. 创业技能教育对大学生创业意愿的影响研究

[J]. 企业经济, 2011, 30 (3): 75-80.

[70] 冯茹, 王许华, 陈宏付. 大学生创业遇到的瓶颈问题及对策分析[J]. 江苏科技信息, 2017 (22): 70-72.

[71] 冯永宽. 四川盆周山区返贫现象透视[J]. 经济体制改革, 1994 (5): 31-41, 127-128.

[72] 符繁荣. 新时代背景下大学生创新创业教育推进机制的构建[J]. 教育与职业, 2018 (7): 67-70.

[73] 傅国军, 夏树让. 新型扶贫模式——产业化扶贫[J]. 农村实用科技信息, 2007 (12): 51.

[74] 高飞. 我国政府农村扶贫政策研究[D]. 秦皇岛: 燕山大学, 2010.

[75] 高桂娟, 苏洋. 大学生创业能力的构成: 概念与实证[J]. 高教发展与评估, 2013, 29 (3): 27-35, 123.

[76] 高桂娟, 苏洋. 学校教育与大学生创业能力的关系研究[J]. 复旦教育论坛, 2014, 12 (1): 24-30.

[77] 高华. 从农村电商发展模式看辽宁电商扶贫[J]. 当代经济, 2018 (20): 26-28.

[78] 高金泉. 扶贫扶智两相宜 抱朴正风桑梓兴——以一个山东农村为例初探乡村"文化返贫"现象[J]. 中国财政, 2018 (15): 16-18.

[79] 高静, 贺昌政, 刘娇. 基于SEM模型的大学生创业倾向影响因素研究——来自重庆的实证数据[J]. 教育发展研究, 2014, 34 (1): 57-62.

[80] 高灵芝, 胡旭昌. 中国小额信贷扶贫实践模式的综述与反思[J]. 济南大学学报（社会科学版）, 2005 (6): 61-67.

[81] 高文兵, 张尧学. 大数据环境下大学生就业创业新前景[J]. 中国高等教育, 2015 (1): 28-30.

[82] 高亚敏. 南方贫困山区扶贫连片开发模式研究[D]. 兰州: 兰州大

学，2010.

[83] 高艳，乔志宏，武晓伟. 基于职业认同和心理资本的大学生就业能力提升实证研究 [J]. 高教探索，2017（3）：107-112.

[84] 高艳，乔志宏. 大学生就业能力结构及其内部关系：质的研究 [J]. 中国青年研究，2016（11）：93-97，110.

[85] 耿艺微. 辽宁省整村推进扶贫开发方式研究 [D]. 贵阳：东北大学，2009.

[86] 龚晓宽. 中国农村扶贫模式创新研究 [D]. 成都：四川大学，2006.

[87] 龚勋，蔡太生. 大学生就业能力：要素、结构与培育路径 [J]. 江苏高教，2018（1）：91-94.

[88] 共青团+社会组织+社工+志愿者——山东扶贫总动员 [J]. 中国共青团，2018（8）：58-59.

[89] 谷彩兰. 试论甘南州开发式扶贫存在的问题及其对策 [D]. 北京：中央民族大学，2010.

[90] 管家风. 试论东部县域扶贫模式与对云南扶贫的借鉴意义——以浙江省江山市为例 [J]. 云南农业大学学报（社会科学版），2011，5（6）：6-9.

[91] 郭晖，刘芳，柴军，赵明亮. 扶贫模式的作用机理与评析——以新疆以工代赈为例 [J]. 农业现代化研究，2004（6）：429-433.

[92] 郭清霞，姚立新. 生态旅游开发是旅游扶贫的最佳发展模式 [J]. 湖北大学学报（哲学社会科学版），2005（4）：455-457.

[93] 郭伟. 整村推进扶贫模式探析——以宁夏为例 [J]. 安徽农业科学，2011，39（23）：14507-14508，14510.

[94] 郭文俊. 湘西花垣县农产品流通扶贫开发模式创新研究 [J]. 企业家天地，2008（6）：130-131.

[95] 郭勇."小额信贷扶贫"试点情况综述 [J]. 四川预算与会计，1997

(3): 29-31.

[96] 韩凤兴."孟加拉扶贫模式"在我区政策性扶贫信贷工作中运用之设想[J].农村金融与市场经济,1997(6):37-39.

[97] 韩广明.农村小微企业人才招聘问题研究[D].杨凌:西北农林科技大学,2012.

[98] 韩建华.中国农村政府主导型扶贫运作模式的缺陷及其改进[J].经济研究导刊,2010(36):36-38.

[99] 郝敏.西北地区农村扶贫开发模式研究[J].全国商情(经济理论研究),2007(9):104-106.

[100] 郝同武,袁桂启,许国永.孟加拉GB扶贫模式在易县[J].经济论坛,1998(6):16-17.

[101] 何萍.牡丹江地区农村小微企业融资问题研究[D].长春:吉林大学,2016.

[102] 何琼峰,宁志中.乡村旅游扶贫中农户参与的影响因素与内在机理——基于扎根理论的湖南凤凰县案例研究[J/OL].中国农业资源与区划,2019(1):1-10[19-03-02].http://kns.cnki.net/kcms/detail/11.3513.s.20190125.1151.006.html.

[103] 和铁梁.市场经济条件下云南扶贫开发模式探索[J].经济问题探索,1995(6):7-9.

[104] 洪绍华,叶祥本,陈洪波,苏武,成凯华.阳新县特色产业扶贫调查[J].老区建设,2006(11):38-40.

[105] 洪心婕,马改艳.三明市农村电商扶贫的困境与破解路径[J].台湾农业探索,2018(4):55-60.

[106] 胡斌.中国小微企业融资难问题研究[D].武汉:武汉大学,2016.

[107] 胡良.精准扶贫:缘起、现状和法律规制——以检察机关法律监督为

视角［J］．品牌研究，2018（4）：188，193．

［108］胡日沁毕力格．扶贫先扶智　扶贫必扶志［J］．科技经济导刊，2019，27（1）：168-169，206．

［109］胡文霞．精准产业扶贫问题及解决对策探讨［J］．现代商贸工业，2017（36）：104-106．

［110］胡锡茹．云南旅游扶贫的三种模式［J］．经济问题探索，2003（5）：109-111．

［111］胡新良．湖南少数民族县域扶贫开发模式的调查与思考［J］．老区建设，2008（12）：36-38．

［112］胡秀俊，于建波．大学生就业指导服务体系构建与完善［J］．教育与职业，2015（12）：69-71．

［113］胡续平，邢燕芬．论市场经济条件下的扶贫工作［J］．经济问题，1995（1）：18-21．

［114］奂平清，王等等．农村贫困地区教育扶贫及其对策探析［J］．西北成人教育学报，2001（1）：47-51．

［115］黄安胜，苏时鹏，王姿燕，许佳贤，黄森慰．环境友好型科技扶贫模式初探［J］．科技管理研究，2014，34（24）：253-258．

［116］黄佰行．农村青少年思想道德现状及提升对策研究［J］．兰州教育学院学报，2017，33（5）：162-164．

［117］黄景容．技能扶贫的实践与探索［J］．中国职业技术教育，2007（26）：5，7．

［118］黄敬宝．人力资本、社会资本对大学生就业质量的影响［J］．北京社会科学，2012（3）：52-58．

［119］黄青林，董劲威，代薇．尝试新的扶贫开发模式——对河南省虞城县推广"孟加拉扶贫模式"的调查［J］．农业发展与金融，1996（8）：27-28．

［120］黄特军．扶贫自愿性移民搬迁的模式研究与效果评价——以广西为例［D］．南宁：广西大学，2002．

［121］黄特军．扶贫自愿性移民搬迁模式效果评价［J］．统计与决策，2005（12）：35－37．

［122］黄小平．江西省生态产业扶贫的 SWOT 分析及对策建议［J］．企业经济，2018，37（9）：169－175．

［123］黄艳林．GB 模式在中国试验的启示［J］．老区建设，1996（11）：25－26．

［124］黄永奎，周静．瓶颈与超越：大学生就业难的现实突破［J］．张家口职业技术学院学报，2010，23（2）：22－24，29．

［125］黄渊基．国内外旅游扶贫研究述评［J］．淮海工学院学报（人文社会科学版），2019，17（2）：104－109．

［126］姬丹．乡村旅游·扶贫致富·政府行为［D］．贵阳：贵州大学，2007．

［127］贾利军，管静娟．大学生就业能力结构研究［J］．教育发展研究，2013，33（Z1）：51－56．

［128］江西省推行参与式扶贫新模式［J］．林业与社会，2003（6）：30．

［129］江新奎，赵玉荣．金融精准扶贫研究［J］．中国市场，2018（32）：6－7，11．

［130］姜海燕，余如英．地方高校大学生创业倾向影响因素研究［J］．教育发展研究，2012，32（1）：46－50．

［131］蒋承，李宜泽，黄震．大学生创业意向影响因素研究——基于对北京大学学生的调查［J］．高教探索，2018（1）：120－123．

［132］蒋桂芳．基于需要理论的青少年道德问题研究［D］．郑州：郑州大学，2013．

[133] 蒋平. 农村留守儿童家庭教育基本缺失的问题及对策 [J]. 理论观察, 2005 (4): 79-81.

[134] 揭萍, 谢山河. 江西省青少年违法犯罪现状及特点分析——对1997年~2006年江西省青少年违法犯罪的调查 [J]. 江西公安专科学校学报, 2007 (5): 115-118.

[135] 金丽, 张丽明. 河北省农村金融扶贫的问题与对策 [J]. 经济论坛, 2013 (10): 13-14.

[136] 金婷, 戴斌荣. 农村留守儿童生活质量状况及影响因素 [J]. 中国健康心理学杂志, 2019, 27 (4): 614-619.

[137] 金昕. 当代大学生创业能力结构及其现状的实证研究 [J]. 东北师大学报（哲学社会科学版）, 2016 (3): 204-209.

[138] 靳剑峰. 借鉴国外经验探索我国到户扶贫贷款管理模式 [J]. 河北金融, 1997 (11): 45-47.

[139] 荆德刚. 新常态视角下的大学生就业形势与任务 [J]. 中国高教研究, 2015 (12): 37-40.

[140] 景丽, 马少虎. 甘肃旅游扶贫模式探索 [J]. 发展, 2007 (11): 35-36.

[141] 居占杰, 刘洛彤. 创新创业教育背景下大学生创新能力培养问题研究——基于G大学经济学专业本科生调查的分析 [J]. 湖南师范大学教育科学学报, 2016, 15 (2): 71-75.

[142] 瞿连贵. 攻坚阶段我国职业教育扶贫的问题、成因及对策 [J]. 当代职业教育, 2019 (1): 42-49.

[143] 康飞. 贵州省扶贫开发的主要模式及其评价 [C]. 贵州省技术经济研究会. 贵州省加快民族地区经济社会发展论坛文集. 贵州: 贵州省科学技术协会, 2009: 6.

[144] 科技扶贫:让大国攻坚更有力量[J]. 中国农村科技, 2018 (12): 42-44.

[145] 孔繁恒. 农村留守青少年违法犯罪现状调查与研究——以桂林市五通镇为例[J]. 法制与社会, 2019 (1): 188-189.

[146] 来仪. "参与式"农村扶贫模式在四川民族地区的实施及非经济性因素分析[J]. 西南民族大学学报(人文社科版), 2004 (10): 1-5.

[147] 赖德胜, 孟大虎, 苏丽锋. 替代还是互补——大学生就业中的人力资本和社会资本联合作用机制研究[J]. 北京大学教育评论, 2012, 10 (1): 13-31, 187-188.

[148] 乐国安, 张艺, 陈浩. 当代大学生创业意向影响因素研究[J]. 心理学探新, 2012, 32 (2): 146-152.

[149] 李道仁. 会昌县实施"两户一体"扶贫新模式[J]. 老区建设, 1997 (10): 24.

[150] 李桂, 刘燕群, 扈菊英. 农村留守青少年的性心理现状及其影响因素分析[J]. 中国性科学, 2017, 26 (8): 146-150.

[151] 李国平. 基于政策实践的广东立体化旅游扶贫模式探析[J]. 旅游学刊, 2004 (5): 56-60.

[152] 李红星. 中国反贫困的商业化模式探索[J]. 商业时代, 2010 (35): 22, 15.

[153] 李宏彬, 孟岭生, 施新政, 吴斌珍. 父母的政治资本如何影响大学生在劳动力市场中的表现?——基于中国高校应届毕业生就业调查的经验研究[J]. 经济学(季刊), 2012, 11 (3): 1011-1026.

[154] 李辉. 内涵发展视界下的大学生创新创业教育路向[J]. 高教探索, 2013 (4): 133-136.

[155] 李建明. 安阳市农村扶贫开发途径与模式之研究[D]. 杨凌: 西北

农林科技大学，2008．

[156] 李健菊，任瑞瑞，杨一红，莫东荣，韦玉敏．当代农村青少年性别差异对性心理健康影响的调查分析［J］．课程教育研究，2018（37）：168．

[157] 李婕娴，李铭，刘帆，许萌迪．浅析河北省旅游扶贫开发［J］．河北企业，2019（2）：89 - 90．

[158] 李瑾颉．小微企业合作网络与成长预测研究［D］．北京：北京邮电大学，2017．

[159] 李琳娜．高校毕业生就业瓶颈及对策探析［J］．课程教育研究，2015（34）：169．

[160] 李敏．农村家庭教育对青少年品格成长的影响探析［J］．西部学刊，2018（5）：51 - 54．

[161] 李沁璘．大学生自主创业瓶颈及对策分析［J］．商，2015（52）：9 - 10．

[162] 李胜芳．山东无棣县扎实开展健康扶贫工作［J］．人口与计划生育，2016（11）：31．

[163] 李栓久．"助困育人"：高校扶贫模式探索［J］．西南民族大学学报（人文社科版），2006（5）：239 - 241．

[164] 李魏，席小涛，王阳．理工科大学生创业能力结构模型与培育策略［J］．现代教育管理，2017（10）：79 - 85．

[165] 李维长．甘肃省推行参与式扶贫开发模式［J］．林业与社会，2002（6）：17．

[166] 李文静．陕西农村青少年行为问题及其影响因素分析［C］．中国卫生信息学会卫生统计学教育专业委员会，中国卫生信息学会统计理论与方法专业委员会，中华预防医学会生物统计分会，国际生物统计学会中国分会．2017年中国卫生统计学学术年会论文集．武汉：武汉大学公共卫生学院，2017：1．

[167] 李闻一，徐磊．基于创业过程的我国大学生创业行为影响因素研究

[J]．科技进步与对策，2014，31（7）：149-153．

[168] 李小玲，何桂美，叶平浩．大学生创业意向影响因素研究评述［J］．学习与实践，2015（6）：45-51．

[169] 李小玲，叶平浩，余丽君．"互联网+"时代大学生创业的机遇及影响因素分析［J］．学习与实践，2016（5）：82-85．

[170] 李晓．大学生就业难的思考及对策研究［D］．长沙：湖南师范大学，2007．

[171] 李晓东．基于精准扶贫政策下河南乡村旅游民宿发展问题探析［J］．决策探索（下），2019（1）：11-12．

[172] 李兴江，陈怀叶．参与式扶贫模式的运行机制及绩效评价［J］．开发研究，2008（2）：94-99．

[173] 李亚员．当代大学生创业现状调查及教育引导对策研究［J］．教育研究，2017，38（2）：65-72．

[174] 李益敏．怒江峡谷基于人居环境的反贫困模式研究［C］//科技部，山东省人民政府，中国可持续发展研究会．2010中国可持续发展论坛2010年专刊（二）．北京：中国可持续发展研究会，2010：5．

[175] 李永文，陈玉英．旅游扶贫及其对策研究［J］．北京第二外国语学院学报，2002（4）：74-76，89．

[176] 李裕南．茗皇茶扶贫模式及品牌营销经验介绍［J］．广东茶业，2011（3）：38-39．

[177] 李志强，李政，王建秀．创新网络内企业合作博弈研究——知识共享的角度［J］．科技管理研究，2017，37（13）：16-23．

[178] 李祖杰．浅析微信传播对农村青少年社会化影响——以石羊村为例［J］．采写编，2017（3）：177-178．

[179] 励骅，曹杏田．大学生心理资本与就业能力关系研究［J］．中国高

教研究，2011（3）：54-56.

［180］梁娟．留守儿童心理健康对教育教学的启示——留守儿童抑郁和相关影响因素研究综述及讨论［J］．语文教学通讯·D刊（学术刊），2019（2）：42-44.

［181］梁黎．毕节模式——民主党派合作扶贫的成功典范［J］．中国民族，2008（8）：42-43.

［182］林超，俞伟宽，杨雪雁．基于溯源技术的农村电商扶贫调研［J］．电子商务，2019（2）：17-19.

［183］林乘东．中国扶贫战略的演变与反思［J］．中央民族大学学报，1998（5）：60-70.

［184］林华，恒州．扶贫新模式——"三帮一带"［J］．农村·农业·农民，1997（9）：42.

［185］林景良．基于行校企管理咨询合作的工商企业管理人才培养模式创新与实践［J］．广东技术师范学院学报，2018，39（6）：31-36.

［186］蔺玉红，邓建高，齐佳音．手机媒体对农村青少年成长的影响［J］．新闻战线，2018（9）：115-117.

［187］刘宝巍．旅游扶贫理论研究及在黑龙江省应用的实证分析［D］．哈尔滨：东北农业大学，2004.

［188］刘飞．大学生就业形势及就业瓶颈分析［J］．文教资料，2008（19）：166-167.

［189］刘华清．精准化扶贫背景下对湖南沅江市乡村旅游发展的研究［J］．中国市场，2017（36）：240-241，245.

［190］刘惠．科技扶贫工作机制创新研究综述［J］．纳税，2018，12（30）：174，176.

［191］刘佳，许华伟．"供给侧"改革视野下大学生就业创业能力培养［J］．继续教育研究，2017（1）：104-106.

[192] 刘佳, 许华伟. "供给侧" 改革视野下大学生就业创业能力培养 [J]. 继续教育研究, 2017 (1): 104-106.

[193] 刘敏, 陆根书, 彭正霞. 大学生创业意向的性别差异及影响因素分析 [J]. 复旦教育论坛, 2011, 9 (6): 55-62.

[194] 刘敏, 薛艳茹, 王亚琴. 突破大学生创业瓶颈的对策之研究 [J]. 科技创新导报, 2010 (10): 144.

[195] 刘明远, 乔骊竹. "风水梁扶贫模式" 的经济学分析 [J]. 经济研究参考, 2012 (64): 72-78.

[196] 刘朋虎, 罗旭辉, 陈华, 赖瑞联, 王义祥, 翁伯琦. 推广生态循环农业 助力乡村科技扶贫 [J]. 发展研究, 2018 (12): 41-47.

[197] 刘若涵, 张丽洁, 卫博琛, 候艳辉. 唐尧故里电商扶贫模式发展研究 [J]. 合作经济与科技, 2018 (24): 184-187.

[198] 刘守敏. 赣南扶贫攻坚的六种模式 [J]. 中国贫困地区, 1997 (3): 49.

[199] 刘天元. 社交媒体对农村青少年学业影响分析——以关中平原 X 村的经验为例 [J]. 中国青年研究, 2018 (9): 70-77, 30.

[200] 刘维隆. 以扶贫社为载体 开创扶贫到户新路子 [J]. 中国农村经济, 1997 (12): 45-49.

[201] 刘霞, 范兴华, 申继亮. 初中留守儿童社会支持与问题行为的关系 [J]. 心理发展与教育, 2007 (3): 98-102.

[202] 刘晓红. 山东省农村闲散青少年社会救助问题研究 [J]. 劳动保障世界, 2019 (2): 21-22.

[203] 刘亚桥, 杨军, 曹子坚. 甘肃省扶贫开发模式的回顾与探讨 [J]. 甘肃理论学刊, 2004 (3): 94-97.

[204] 刘彦才. 异地搬迁扶贫的实践与思考 [J]. 计划与市场, 2002 (1):

42 - 43.

[205] 刘洋,邓晨卉,吉园依,张宇,刘巧兰. 农村青少年的心理健康与网络行为 [J]. 中国心理卫生杂志,2018,32 (2):148 - 154.

[206] 刘一华. 新媒体环境下大学生创新创业教育路径探析 [J]. 黑龙江高教研究,2016 (6):94 - 96.

[207] 刘益,陈烈. 旅游扶贫及其开发模式研究 [J]. 热带地理,2004 (4):396 - 400.

[208] 刘迎华. 山东农村社区乡村旅游的精准扶贫路径研究 [J]. 山东农业工程学院学报,2018,35 (9):60 - 65.

[209] 刘友群,王军,郑烈煌. 关于英山县扶贫开发与计划生育相结合管理模式的探索 [J]. 南京人口管理干部学院学报,1997 (2):32 - 37.

[210] 刘志. 大学生创业意向结构及其现状的实证研究 [J]. 教育发展研究,2013,33 (21):35 - 40.

[211] 刘志军. 留守经历与精神健康——基于80后外来工的实证分析[J]. 中国农业大学学报(社会科学版),2019 (1):111 - 127.

[212] 柳小红. 谈农村青少年健康人格的培养与塑造 [J]. 山西农经,2018 (3):84.

[213] 龙茂兴. 论乡村旅游扶贫模式创新 [J]. 发展,2006 (9):39 - 40.

[214] 龙文泱. 用文艺雨露滋养扶贫之果 [J]. 源流,2017 (9):32 - 33.

[215] 龙言. 欠发达地区经济起飞的关键是"资源资本化"——中国农村改革试验区扶贫体制改革的实证经验 [J]. 中国税务,1997 (12):25 - 30.

[216] 卢丙文. 河北省平泉县采取四种扶贫模式 [J]. 预算管理与会计,2007 (9):21.

[217] 卢品慕. 教育扶贫:扶贫攻坚的有效途径 [J]. 桂海论丛,1998 (5):85 - 86.

[218] 卢淑华. 科技扶贫社会支持系统的实现——比较扶贫模式的实证研究 [J]. 北京大学学报（哲学社会科学版），1999（6）：43-51.

[219] 卢晓梅. 大学生就业瓶颈原因探析 [J]. 合作经济与科技，2008（15）：20-21.

[220] 卢致珑，甘渭扬，刘大绮. 关于江西省赣州市开展创新扶贫到户新模式的探讨 [J]. 老区建设，2011（19）：22-24.

[221] 鲁超. 我国农村扶贫开发模式研究 [D]. 郑州：郑州大学，2006.

[222] 鲁鹏. 山东临沂非遗衍生产品 文化精准扶贫 [J]. 农村工作通讯，2016（13）：5.

[223] 陆成元. 以科技扶贫促进乡村振兴的策略分析 [J]. 南方农业，2018，12（30）：127-128.

[224] 陆刚，孙芸莉. 电商扶贫助力乡村振兴：基于河北省实践的再思考 [J/OL]. 当代经济管理，2019（1）：1-8 [19-03-02]. http://kns.cnki.net/kcms/detail/13.1356.F.20190125.1625.002.html.

[225] 陆根书，彭正霞，康卉. 大学生创业意向及其影响因素研究——基于西安市九所高校大学生的调查分析 [J]. 西安交通大学学报（社会科学版），2013，33（4）：104-113.

[226] 陆志伟. 西藏精准扶贫方式创新之边贸扶贫探究 [J]. 西藏发展论坛，2018（4）：48-51.

[227] 吕俐敏. 教育扶贫中学校的专业优势探索 [J]. 中国教育学刊，2019（1）：70-73.

[228] 吕书奇. 中国农村扶贫政策及成效研究 [D]. 北京：中国农业科学院，2008.

[229] 罗静，王薇，高文斌. 中国留守儿童研究述评 [J]. 心理科学进展，2009，17（5）：990-995.

[230] 罗平. 大学生创业瓶颈及优化机制研究 [J]. 当代教育实践与教学研究, 2017 (1): 32.

[231] 罗瑶, 祝聪, 董永波, 彭文甫. 川西北高原藏区精准扶贫路径选择——以理县为例 [J]. 安徽农业科学, 2018, 46 (25): 208-210, 220.

[232] 马芳鹏, 韩旭峰. 静宁县参与式整村推进扶贫开发模式探究 [J]. 安徽农学通报, 2013, 19 (24): 5-6.

[233] 马国英. 科技扶贫对策思考 [J]. 山西科技, 1996 (5): 14-17.

[234] 马君, 郭敏, 张昊民. 大学生创业模式及其动态演化路径 [J]. 教育发展研究, 2012, 32 (3): 59-64.

[235] 马立峰. 民族乡镇的贫困与反贫困探析 [D]. 兰州: 西北民族大学, 2010.

[236] 马亮, 朱剑平, 陈琦. 大学生创业瓶颈及优化机制研究 [J]. 学校党建与思想教育, 2016 (5): 52-54.

[237] 马梅芳. 三江源地区生态旅游扶贫模式的探讨 [J]. 青海师范大学学报 (哲学社会科学版), 2009 (5): 18-21.

[238] 马琦, 陈志轩. 大数据背景下的农村电商精准扶贫创新模式研究——以贵州省黔西县为例 [J]. 现代营销 (下旬刊), 2019 (1): 181-184.

[239] 马世波, 臧金凤. 大学生创业瓶颈及解决对策研究 [J]. 山东畜牧兽医, 2017, 38 (10): 75.

[240] 马世洪. 以供给侧改革破解大学生就业市场结构性矛盾 [J]. 中国高等教育, 2016 (10): 15-18.

[241] 马贤惠, 江雪. 贵州省扶贫开发的主要模式及其评价 [J]. 贵阳学院学报 (社会科学版), 2008 (2): 13-17.

[242] 马延芳. 河南汝州市科技助力精准扶贫开展文化、卫生、科技、法律"四下乡"活动 [J]. 植物医生, 2018, 31 (7): 4.

[243] 孟大虎, 苏丽锋, 李璐. 人力资本与大学生的就业实现和就业质量——基于问卷数据的实证分析 [J]. 人口与经济, 2012 (3): 19-26.

[244] 孟家成. 对农村留守儿童教育现状分析及应对措施 [J]. 中小学教学研究, 2007 (8): 62.

[245] 孟丕. 农村青少年社会公德建设的影响因素及对策研究——以山西省文水县南庄村为例 [J]. 山西经济管理干部学院学报, 2018, 26 (4): 80-83.

[246] 苗苗, 贾树辉, 魏柳. 浅析留守儿童的心理健康问题 [J]. 科技风, 2019 (5): 227.

[247] 莫燕林, 史小珍. 旅游扶贫战略模式研究——以钦州市浦北县为例 [J]. 农村经济与科技, 2016, 27 (23): 113-115.

[248] 穆文春. 一种最有效、最直接的扶贫到户新模式 [J]. 民族工作, 1997 (12): 25-26.

[249] 聂宇欣. 民族地区产业扶贫模式的实践与思考——以广西崇左市为例 [J]. 经济与社会发展, 2017, 15 (6): 12-17.

[250] 牛灵珊, 嵇柯, 许诗云. 我国预防农村青少年犯罪的现状及对策研究 [J]. 法制博览, 2017 (25): 41-42, 38.

[251] 牛沐萱. 云集: 打造农村电商扶贫"双育"新模式 [J]. 农经, 2018 (11): 88-91.

[252] 潘璐, 叶敬忠. 农村留守儿童研究综述 [J]. 中国农业大学学报 (社会科学版), 2009, 26 (2): 5-17.

[253] 潘文庆, 杨丽. 大学生创业意识影响因素研究综述 [J]. 高教探索, 2014 (5): 173-177.

[254] 潘文庆. 就业价值观对大学生就业质量的影响研究 [J]. 广东社会科学, 2014 (4): 40-46.

[255] 庞玉洁, 周元月. 山东郓城农商银行推出"光伏扶贫贷"助力农户

致富 [J]．中国质量万里行，2017（12）：94．

[256] 彭畅，林虹，王舒，刘树俊，罗家有，盛可人，刘小群．农村地区9~18岁儿童青少年的同胞暴力经历与情绪行为问题 [J/OL]．中国心理卫生杂志，2019（3）：208-213 [2019-03-02]．http：//kns.cnki.net/kcms/detail/11.1873.r.20190222.0933.020.html．

[257] 彭树宏．大学生就业能力结构及其影响因素的实证研究 [J]．教育学术月刊，2014（6）：61-65．

[258] 彭伟，张宏如，王燕．心理资本对大学生创业意向的影响研究 [J]．黑龙江高教研究，2014（12）：116-120．

[259] 彭正霞，陆根书，康卉．个体和社会环境因素对大学生创业意向的影响 [J]．高等工程教育研究，2012（4）：75-82．

[260] 彭正霞，陆根书．大学生创业意向的性别差异：多群组结构方程模型分析 [J]．高等工程教育研究，2013（5）：57-65．

[261] 蒲春玲，王承武，左新敏．新疆扶贫开发战略构思及对策建议[J]．新疆农业大学学报，2001（4）：70-74．

[262] 柒石．丹寨万达小镇：打造旅游精准扶贫样本 [J]．中国房地产，2018（32）：24-25．

[263] 祁慧，贾艳贤．农村留守青少年孤独感状况及影响因素 [J]．卫生软科学，2010，24（5）：450-453．

[264] 起建凌，丁鲲，杨津．滇西扶贫开发模式浅析——以龙陵县为例 [J]．当代经济，2012（18）：85-87．

[265] 乔德华，贺春贵，车宗贤，杨思存，白贺兰．甘肃科技扶贫对策研究 [J]．甘肃农业科技，2016（12）：56-67．

[266] 乔德华，贺春贵，窦晓利，王敏，程卫东，陈富，何振富，黄杰，白贺兰，刘锦晖，蒲海泉．东乡县精准扶贫路径探讨 [J]．甘肃农业科技，2019

(1): 80-86.

[267] 乔志宏, 王爽, 谢冰清, 王祯. 大学生就业能力的结构及其对就业结果的影响 [J]. 心理发展与教育, 2011, 27 (3): 274-281.

[268] 秦建军. 江苏省农业科技扶贫的路径及模式分析 [J]. 农业科技管理, 2018, 37 (4): 55-58.

[269] 秦杨. 发展乡村生态旅游 促进精准扶贫 [J]. 人民论坛, 2019 (3): 64-65.

[270] 全国妇联课题组. 全国农村留守儿童 城乡流动儿童状况研究报告 [J]. 中国妇运, 2013 (6): 30-34.

[271] 冉连. 建国以来我国扶贫政策: 回顾、反思与展望——基于1949~2017年的政策文本分析 [J]. 山西农业大学学报 (社会科学版), 2018, 17 (12): 60-68.

[272] 让文艺志愿服务之花在草原上盛开 [J]. 内蒙古宣传思想文化工作, 2018 (5): 40-41.

[273] 任建谋. 吴忠市扶贫模式及效果调查 [J]. 西部金融, 2009 (11): 55-56.

[274] 任泽中, 左广艮. 大学生创业资源协同模式研究 [J]. 高校教育管理, 2017, 11 (2): 49-56.

[275] 山东首创"扶贫车间"就业模式 [J]. 领导决策信息, 2016 (48): 20-21.

[276] 邵德兴. 经济发达地区城市扶贫模式初探 [J]. 浙江学刊, 1999 (4): 46-49.

[277] 佘远美. 扶贫开发模式的成本效益指数探讨 [J]. 老区建设, 2001 (10): 40-41.

[278] 佘远美. 经济网络扶贫开发模式初探 [J]. 老区建设, 2002 (10):

20-21.

[279] 深圳市探索出"基金式"扶贫协作新模式[J]. 中国贫困地区, 1998 (5): 9.

[280] 沈东华. 当前大学生就业价值取向变化及对策探讨[J]. 黑龙江高教研究, 2014 (2): 123-125.

[281] 沈洪根. 新时期农村小微企业发展面临的问题与建议[J]. 现代经济信息, 2016 (11): 67.

[282] 沈吟徽, 钟华, 刘环宇. 农村到城市的迁移与中国城市青少年犯罪问题研究——以社会控制为视角[J]. 青少年犯罪问题, 2018 (6): 101-114.

[283] 施强. 金融扶贫临夏模式[J]. 中国金融, 2013 (22): 88-89.

[284] 施生旭, 姚翠岚. 闽台大学生创业意愿影响因素比较研究[J]. 高教探索, 2018 (4): 65-70.

[285] 石红梅, 丁煜. 人力资本、社会资本与高校毕业生就业质量[J]. 人口与经济, 2017 (3): 90-97.

[286] 石新科. 紫阳县探索出"扶贫到户"新模式[J]. 山区开发, 1997 (5): 34.

[287] 石兴台. 兴安盟扶贫开发构筑"六种"模式、实现"六项"突破——开展扶贫开发的主要做法与成效[J]. 致富之友, 2002 (12): 36-37.

[288] 史续言. 基于ERP系统的企业管理咨询培训信息化方法分析[J]. 中国管理信息化, 2018, 21 (22): 46-47.

[289] 宋安勇. 法律扶贫走进大山深处 贵州威宁石门坎法律扶贫行记[J]. 中国律师, 2018 (8): 35-37.

[290] 宋宝瑞, 刘玉森, 王庆民, 于卫东. 21世纪初承德贫困地区扶贫模式[J]. 承德石油高等专科学校学报, 2005 (3): 76-80.

[291] 苏积德. 甘肃省扶贫开发模式比较研究[J]. 甘肃科技, 2011, 27

(20)：5-7.

[292] 睢党臣. 论科技扶贫 [J]. 西安石油学院学报（社会科学版），2000 (4)：44-48.

[293] 孙天琦. 商洛模式：小额扶贫贷款的探索 [J]. 中国金融，2003 (8)：20-22.

[294] 孙志刚. 创新扶贫方式效果显著 [J]. 政策，2001（12）：10-12.

[295] 覃素平. 广西西江经济带民族地区旅游精准扶贫路径研究 [J/OL]. 南宁职业技术学院学报，2019（2）：1-6 [2019-03-02]. http：//kns. cnki. net/kcms/detail/45. 1268. C. 20190218. 1240. 048. html.

[296] 覃伊蕾. 新媒体扶贫现状分析及路径探索——以凉山州夹铁乡为研究对象 [J]. 新媒体研究，2018，4（24）：1-4.

[297] 谭琳琳，帅传敏，张先锋. 农村扶贫开发模式的研究现状与展望 [J]. 郑州航空工业管理学院学报，2007（3）：110-112.

[298] 谭深. 中国农村留守儿童研究述评 [J]. 中国社会科学，2011（1）：138-150.

[299] 汤颖，邬志辉. 贫困地区早期教育扶贫：地位、挑战与对策 [J]. 中国教育学刊，2019（1）：74-78.

[300] 汤勇，郑应松. 高职大学生创业瓶颈及对策 [J]. 中国校外教育，2010（4）：120.

[301] 唐俊. 精准扶贫视野下大学生艺术扶贫模式研究 [J]. 广西民族师范学院学报，2017，34（6）：147-149.

[302] 唐林. 农村小微企业电子商务对策研究 [D]. 武汉：华中师范大学，2014.

[303] 田北超. 发展民族职业教育　增强扶贫工作活力——论民族地区的职教扶贫工作模式 [J]. 西南民族学院学报（哲学社会科学版），1995（1）：14-16.

[304] 田瑞凡. 新晃侗族自治县为贫困乡村探索——扶贫新模式 [J]. 民族论坛, 2000 (6): 20.

[305] 田治颖, 王传新, 邹兴祖, 孙玉芹, 钟山, 章长勇. 山东积极运用地理标志商标促进精准扶贫 [J]. 中华商标, 2017 (12): 20-23.

[306] 万媛, 袁玥. 农村青少年辍学的原因及影响 [J]. 广东蚕业, 2018, 52 (1): 124-125.

[307] 万媛. 川东北偏远农村青少年辍学原因及对策分析 [N]. 山西青年报, 2017-07-08 (04).

[308] 汪海洋. 金寨县精准扶贫的现实困境及实现路径 [J]. 山西农经, 2018 (19): 38-39.

[309] 汪晓文, 何明辉, 李玉洁. 基于空间贫困视角的扶贫模式再选择——以甘肃为例 [J]. 甘肃社会科学, 2012 (6): 95-98, 108.

[310] 王朝明. 广南县创新科技扶贫模式 [J]. 农村实用技术, 2008 (10): 6-7.

[311] 王承江. 贫困山区搬迁式扶贫问题探讨——湖南湘西州"退人还山"扶贫模式研究 [J]. 林业经济, 2010 (9): 105-108.

[312] 王承江. 贫困山区搬迁式扶贫问题探讨——以湘西州"退人还山"扶贫模式为例 [J]. 安徽农业科学, 2010, 38 (16): 8731-8733.

[313] 王红岗, 左朝刚. 贵州扶贫工作制度创新 [J]. 贵州民族研究, 2003 (4): 102-106.

[314] 王红岗. 贵州民族地区的扶贫模式与制度创新 [C] //贵州省布依学会. 布依学研究（之七）——贵州省布依学会第三届会员代表大会暨第七次学术讨论会论文集. 贵州: 贵州省布依学会, 2001: 7.

[315] 王虹. 文化扶贫: 新时代扶贫工作的重要内容 [J]. 国家治理, 2019 (3): 34-43.

[316] 王辉, 张辉华. 大学生创业能力的内涵与结构——案例与实证研究 [J]. 国家教育行政学院学报, 2012 (2): 81-86.

[317] 王静. 大学生创业支持体系的构建——基于对大学生创业意识培养的调查 [J]. 人口与经济, 2011 (1): 27-32, 45.

[318] 王静. 脱贫路上, 一个都不能少——山东农大"五变"扶贫新模式精准发力"拔穷根"[J]. 中国农村科技, 2019 (1): 58-60.

[319] 王丽. 喀斯特地区旅游扶贫的动力机制研究 [D]. 贵阳: 贵州大学, 2009.

[320] 王丽君. 民族经济视野下吉木乃县扶贫开发研究 [D]. 石河子: 石河子大学, 2011.

[321] 王亮, 孙太清. 安徽传统扶贫模式与现代脱贫模式的比较 [J]. 安徽科技学院学报, 2012, 26 (4): 68-71.

[322] 王林昌. 扶贫开发的几种有效模式和做法——湖北省恩施土家族苗族自治州扶贫攻坚情况调查 [J]. 中国贫困地区, 1999 (8): 34-37.

[323] 王林雪, 殷雪. 精准扶贫视角下教育扶贫绩效评价体系构建 [J]. 统计与决策, 2019, 35 (3): 65-68.

[324] 王乃梅. 留守儿童课后服务策略谈 [J]. 甘肃教育, 2019 (3): 24.

[325] 王宁. 新疆贫困状况分析及扶贫模式的比较和选择 [J]. 新疆社会科学, 2003 (2): 47-53.

[326] 王攀, 阳茂庆. 对高校推进精准扶贫工作的几点思考——基于云南民族大学"四四五"扶贫工作模式 [J]. 中国集体经济, 2019 (6): 37-39.

[327] 王涛. 高职院校创新创业教育模式探索——以成都创业学院为例 [J]. 职业技术教育, 2015, 36 (2): 53-56.

[328] 王夏强. 大学生就业形势、瓶颈及对策分析 [J]. 淮海工学院学报 (社会科学版), 2011, 9 (10): 127-130.

[329] 王新哲. 中越边境民族地区扶贫模式的困境与创新 [J]. 广西民族大学学报（哲学社会科学版），2011，33（6）：122-126.

[330] 王秀峰，郭继辉. 高等院校科技扶贫模式探讨 [J]. 山地农业生物学报，2006（4）：340-344.

[331] 王雪波. 南川探索扶贫开发"六大模式" [J]. 农村百事通，2011（17）：11.

[332] 王艳. 中国牧区扶贫开发问题研究 [D]. 长春：吉林大学，2014.

[333] 王玉，王雪，孟奇恺，冯志强. "双创"背景下思想政治教育对贫困大学生返乡扶贫意愿影响研究 [J]. 现代营销（信息版），2019（2）：189.

[334] 王玉香，杜经国. 抗逆力培育：农村留守青少年社会工作服务的实践选择 [J]. 中国青年研究，2018（10）：114-119，100.

[335] 王玉香. 农村留守青少年校园欺凌问题的质性研究 [J]. 中国青年研究，2016（12）：63-68.

[336] 王云霞. 农村留守青少年的依恋水平对其社会适应能力的影响研究 [D]. 西安：陕西师范大学，2012.

[337] 王志凌，罗蓉. 铜仁市扶贫产业园区建设研究 [J]. 山地农业生物学报，2013，32（5）：454-457.

[338] 王志章，何静. 英美两国扶贫开发模式及其启示 [J]. 开发研究，2015（6）：50-54.

[339] 王卓. 小额信贷扶贫的实践和思考 [J]. 农村经济，1997（11）：20-21.

[340] 王作安. 西藏地区扶贫开发模式的经济学分析——以日喀则市为例 [J]. 西藏研究，2004（1）：106-118.

[341] 魏茂琳，谷生然. 近年来我国教育扶贫研究综述 [J]. 内江师范学院学报，2019，34（1）：93-96.

[342] 魏晓蓉. GB 模式与甘肃扶贫 [J]. 甘肃农业, 1998 (S1): 67-71.

[343] 魏臻, 汪澄川, 杨艺彬. 大学生创业瓶颈分析与对策研究——以江苏镇江大学生创业为例 [J]. 科技创业月刊, 2014, 27 (2): 23-26+29.

[344] 魏梓秋. 西部地区旅游扶贫模式再探索 [J]. 甘肃科技纵横, 2006 (2): 79+78.

[345] 文艺. 青少年情感忽视、冷漠与攻击行为倾向的关系研究 [D]. 哈尔滨: 哈尔滨师范大学, 2018.

[346] 吴德锋, 钟群, 石丰华. 老少边贫地区信贷扶贫新模式 [J]. 老区建设, 2003 (6): 48.

[347] 吴国栋. 孟加拉乡村银行扶贫模式在中国的试验及其分析 [J]. 中国贫困地区, 1997 (4): 42-44.

[348] 吴霓. 农村留守儿童问题调研报告 [J]. 教育研究, 2004 (10): 15-18, 53.

[349] 吴桃. "互联网+农村电商"模式助力凉山彝区精准扶贫 [N]. 中国民族报, 2019-02-01 (06).

[350] 吴潇宇. 大数据时代下电商及产业扶贫路径分析 [J]. 电子商务, 2019 (2): 36-37.

[351] 伍毅. 高等院校教育扶贫工作模式探讨 [J]. 中国民航飞行学院学报, 2018 (6): 61-63.

[352] 西凤茹. 大学生创业影响因素与支持体系完善 [J]. 黑龙江高教研究, 2012, 30 (7): 60-63.

[353] 喜迎十九大 唱响幸福歌——文艺扶贫歌曲创作汇报音乐会在京举行 [J]. 人民音乐, 2017 (10): 2.

[354] 夏瑾慧, 方有恒. 广东省保险扶贫工作概况及浅析 [J]. 上海保险, 2017 (12): 57-60.

[355] 夏贤铃. 农产品营销的精准扶贫电商平台设计 [J]. 吉林工程技术师范学院学报, 2019, 35 (1): 94-96.

[356] 夏勇, 田弋夫, 余德顺, 唐从国, 王竑晟, 韩永滨. 科技助推"三变"改革 建立科技扶贫长效机制——中国科学院贵州省水城县定点科技扶贫实践与探讨 [J]. 中国科学院院刊, 2018, 33 (12): 1374-1380, 1271.

[357] 向春, 雷家骕. 大学生创业态度和倾向的关系及影响因素——以清华大学学生为研究对象 [J]. 清华大学教育研究, 2011, 32 (5): 116-124.

[358] 向辉, 雷家骕. 大学生创业教育对其创业意向的影响研究 [J]. 清华大学教育研究, 2014, 35 (2): 120-124.

[359] 向延平, 陈友莲. 我国农村精准扶贫最优选择: 资产收益扶贫模式 [J]. 内蒙古农业大学学报 (社会科学版), 2016, 18 (6): 17-20.

[360] 向延平. 贫困地区旅游扶贫经济绩效评价研究——以湖南省永顺县为例 [J]. 湖南文理学院学报 (社会科学版), 2008, 33 (6): 58-60.

[361] 肖继文, 魏星河, 杨超. 文化扶贫一项伟大的文明工程 [J]. 求实, 1996 (11): 31-34.

[362] 肖钻. "武隆模式"对彭水扶贫开发的启发与思考 [C] //走进新农村——西南大学研究生《含弘论丛》. 重庆: 西南大学研究生《含弘论丛》编辑社, 2010: 13.

[363] 谢洪军. 小额信贷扶贫项目的理论与实践研究 [D]. 重庆: 西南农业大学, 2001.

[364] 谢江帆, 胡桂永. 旅游扶贫模式初探——基于井冈山红色旅游的调研 [J]. 老区建设, 2011 (21): 35-39.

[365] 谢丽霜. 论西部扶贫实践中的小额信贷 [J]. 贵州民族研究, 2002 (4): 124-131.

[366] 谢仁寿. 论人本式扶贫模式 [J]. 当代经济研究, 2006 (5): 52-55.

［367］谢玉梅．改革开放四十年中国扶贫政策变迁及其实践［J］．江南大学学报（人文社会科学版），2018（6）：83-89．

［368］谢治菊．大数据驱动下的教育精准扶贫——以长顺县智慧教育扶贫项目为例［J］．湖南师范大学教育科学学报，2019，18（1）：43-52，75．

［369］邢金萍．农村留守青少年心理问题与心理援助［J］．青年探索，2007（3）：87-90．

［370］邢燕芬．产业扶贫和劳务扶贫——市场经济下我省扶贫工作的现实选择［J］．前进，1994（12）：32-33．

［371］熊绍员．沼气扶贫生态富民——以生态庭园经济模式为突破口加快老区脱贫步伐［J］．农业环境与发展，2001（3）：12-14．

［372］徐寰宇，苏畅，殷菲，杨洋，杨淑娟，吉园依，周欢，周峻民，马骁，刘巧兰．健康行动过程取向模型在四川省农村青少年体育锻炼中的适用性探索［J］．现代预防医学，2018，45（12）：2200-2205．

［373］徐家琦，TimZachernuk，赵永军．关于社区林业可持续扶贫模式的探讨［J］．中国农业大学学报（社会科学版），2004（1）：14-18．

［374］徐乐俊．素质扶贫的"衢州模式"［J］．农村工作通讯，2004（9）：13-14．

［375］徐明．"互联网+"时代的大学生创业模式选择与路径优化［J］．中国青年社会科学，2015，34（5）：49-55．

［376］徐松美，文雅，齐文娟．新常态下融入"互联网+"的大学生创新创业［J］．中国青年社会科学，2015，34（5）：61-64．

［377］徐文强．山区县域精准扶贫创新模式研究——以临朐县为例［J］．商业经济，2016（12）：19-20，23．

［378］徐鲜梅．GB模式在中国第一试点的报告——易县扶贫合作社的调查与分析［J］．中国人力资源开发，1995（6）：34-38．

[379] 徐鲜梅. 中国信贷扶贫政策及其实践评述 [C] //中国扶贫基金会. 中国扶贫论文精粹, 北京: 中国扶贫基金会, 2001: 16.

[380] 徐小洲, 梅伟惠, 倪好. 大学生创业困境与制度创新 [J]. 中国高教研究, 2015 (1): 45-48, 53.

[381] 徐晔. 职业教育信息化助力精准扶贫: 问题与路径 [J]. 教育与职业, 2019 (3): 5-11.

[382] 徐增禄. 扶贫到户的新方式 [J]. 经济研究参考, 1996 (17): 24-25.

[383] 徐占东, 陈文娟. 大学生创业特质、创业动机及新创企业成长关系研究 [J]. 科技进步与对策, 2017, 34 (2): 51-57.

[384] 许驰. 福建省农村扶贫开发历程及前瞻 [J]. 沈阳农业大学学报 (社会科学版), 2010, 12 (3): 280-283.

[385] 许静. 大学生创业的瓶颈分析和解决对策 [J]. 创新创业理论研究与实践, 2018, 1 (1): 111-113.

[386] 许俊杰. 产业扶贫模式及对策研究——以山东省产业扶贫为例 [J]. 山东农业工程学院学报, 2018, 35 (9): 85-89.

[387] 许娴. 移山村小额信贷扶贫效果好 [J]. 贵州农村金融, 1999 (7): 14-15.

[388] 闫斌, 牛嫱. 农村精准扶贫的法治化研究 [J]. 中共山西省委党校学报, 2018, 41 (1): 78-81.

[389] 闫冬. 吕梁市开发式扶贫模式研究 [D]. 晋中: 山西农业大学, 2014.

[390] 闫沙庆, 李鸿, 崔亚虹. 新农村建设与民族地区扶贫开发模式新探——以内蒙古额尔古纳市为例 [J]. 满族研究, 2006 (4): 42-46.

[391] 杨道建, 赵喜仓, 陈文娟, 朱永跃. 大学生创业能力结构的理论分析

与实证检验［J］．科技进步与对策，2014，31（20）：151－155．

［392］杨刚．基于校企融合模式的大学生就业机制的构建与完善［J］．继续教育研究，2018（2）：69－72．

［393］杨健，王平达．农村留守青少年思想道德教育问题研究［J］．边疆经济与文化，2010（3）：15－16．

［394］杨军．"整村推进"扶贫模式的问题与对策研究［J］．重庆工商大学学报．西部论坛，2006（6）：15－20．

［395］杨丽兵，杨华．农业院校图书馆为贫困农民开展信息服务研究［J］．图书馆工作与研究，2018（S1）：160－163．

［396］杨丽慧，金永灿，徐大成，赵红姬，崔文香．延边地区朝鲜族留守青少年健康危险行为现状［J］．延边大学医学学报，2011，34（4）：294－296．

［397］杨勐．大学生创客小微创业的浙江实践——以浙江"特色小镇"为例［J］．中国青年研究，2016（4）：14－21，13．

［398］杨勤．凉山民族地区扶贫机制研究［D］．西南交通大学，2013．

［399］杨小川．"双创"背景下农村小微经济发展研究——以农村小微企业为研究对象［J］．商业经济研究，2016（12）：169－171．

［400］杨晓慧．大学生创业能力培养的瓶颈问题与策略选择［J］．中国高等教育，2010（18）：42－44．

［401］杨秀清．精准扶贫视野下少数民族贫困农村公共法律服务发展的意义和路径［J］．法制博览，2018（18）：229．

［402］杨雅莹．旅游扶贫战略的思考［D］．重庆：西南师范大学，2005．

［403］杨永志．突破当前大学生就业瓶颈的思考［J］．新课程研究（中旬刊），2014（3）：27－29．

［404］杨玉建．山东梁山："扶贫车间"建在家门口［J］．中国财政，2018（9）：54．

［405］杨章成，王湘林，韦家朝．网络环境下地方本科高校毕业生就业的挑战与对策［J］．教育与职业，2018（4）：60－63.

［406］姚瑞．创新农业科技视角下助推农村精准扶贫探究［J］．中国市场，2018（35）：73，81.

［407］姚毓春，赵闯，张舒婷．大学生创业模式：现状、问题与对策——基于吉林省大学生科技园创业企业的调查分析［J］．青年研究，2014（4）：84－93，96.

［408］姚云．农村留守儿童的问题及教育应对［J］．教育理论与实践，2005（7）：41－43.

［409］叶敬忠，王伊欢，张克云，陆继霞．对留守儿童问题的研究综述［J］．农业经济问题，2005（10）：75－80，82.

［410］叶正均．新一轮农村扶贫模式的再思索［J］．四川财政，2002（8）：34－36.

［411］农利国．山东临朐：管好扶贫资金"钱袋子"［J］．当代农村财经，2018（1）：39.

［412］殷池应，宁廉璞．湘西的扶贫模式［J］．老区建设，2002（4）：40－41.

［413］尹爱华．民族文化旅游与精准扶贫研究［N］．贵州日报，2019－02－18（11）．

［414］尤祥能．会泽畜牧扶贫农户受益［J］．农村实用技术，2008（8）：4.

［415］于菲菲．山东特色产业扶贫问题研究［J］．当代经济，2018（6）：102－103.

［416］于颖．十堰茶文化旅游助力精准扶贫的探讨［J］．南方农机，2019，50（2）：82.

[417] 余昕凯. 浅析湖北省农村电商扶贫的问题及对策——以京山县为例 [J]. 现代营销（经营版），2019（2）：119.

[418] 喻名峰，陈成文，李恒全. 回顾与前瞻：大学生就业问题研究十年（2001～2011）[J]. 高等教育研究，2012，33（2）：79-86.

[419] 袁莉. 单县精准扶贫问题及对策研究 [D]. 济南：山东大学，2018.

[420] 袁强，张大勇. 阜宁创新扶贫贷款模式 [J]. 中国老区建设，2004（8）：47.

[421] 袁帅锋，姚刚. 阜阳"党建+扶贫"模式论析 [J]. 阜阳职业技术学院学报，2017，28（4）：13-15.

[422] 袁晓夏. 当前高校大学生就业面临的问题及对策 [J]. 教育与职业，2016（4）：34-36.

[423] 岳昌君. 中国高校毕业生就业满意度的影响因素分析 [J]. 北京大学教育评论，2013，11（2）：84-96，189.

[424] 曾明信. 万源县科技扶贫模式及其内含 [J]. 高等农业教育，1990（6）：49-53.

[425] 曾淑文. 经济新常态下大学生就业路径创新 [J]. 继续教育研究，2017（2）：94-96.

[426] 曾震亚. "退人还山"模式：一条经由艰难探索成就出的科学扶贫之路 [J]. 中国民族，2005（8）：52-59.

[427] 翟峰. "互联网+扶贫"新模式值得我国中西部地区积极探索 [J]. 四川统一战线，2015（12）：4-5.

[428] 张存平. 市场经济条件下宁夏西海固地区扶贫开发问题研究 [D]. 北京：中国农业大学，2005.

[429] 张东东. 山东环渤海旅游资源非优区旅游扶贫模式研究 [D]. 贵阳：贵州师范大学，2017.

[430] 张锋. 涉农企业吸引大学生就业的瓶颈研究 [J]. 农业经济, 2014 (7): 36-38.

[431] 张建军, 李国平. 西部贫困地区扶贫模式的创新与对策研究 [J]. 科学学研究, 2004 (6): 594-599.

[432] 张捷. 大学生自主创业瓶颈及策略研究 [J]. 新闻传播, 2016 (12): 94-95.

[433] 张丽娜, 郝晓蔚, 张广科, 赵卫利. 国外农村扶贫的三种主要模式 [J]. 党政视野, 2016 (7): 46.

[434] 张丽娜, 郝晓蔚, 张广科, 赵卫利. 国外农村扶贫模式与中国"精准扶贫"创新模式探讨 [J]. 黑龙江畜牧兽医, 2016 (10): 35-37.

[435] 张敏, 吕新颖, 何启安, 朱云, 刘迎春. 皖北农村留守青少年体质现状与对策研究 [J]. 辽东学院学报（自然科学版）, 2010, 17 (3): 257-262.

[436] 张庆武. 肥西县科技特派员科技扶贫的实践与思考 [J]. 安徽科技, 2018 (12): 25-26.

[437] 张蓉蓉. 云南扶贫开发模式探析 [J]. 经济问题探索, 1997 (3): 29-31.

[438] 张素芬, 夏清明, 张毅. 贵州省小额信贷扶贫存在问题及完善建议 [J]. 贵州农村金融, 1999 (12): 30-34.

[439] 张天成, 张福兰, 熊静梅. 2016年武陵山区侗族与白族农村青少年健康危险行为及影响因素 [J]. 卫生研究, 2018, 47 (5): 782-788.

[440] 张廷梅. 会泽扶贫新模式——"送母分仔" [J]. 中国牧业通讯, 2008 (9): 26-27.

[441] 张小英, 王金艳. 农村小微企业发展中的瓶颈及路径选择——以山东省临沂市为例 [J]. 中小企业管理与科技（上旬刊）, 2016 (1): 130-131.

[442] 张学俭. 宁夏扶贫扬黄红寺堡灌区土地开发模式及农村经济发展战略

研究［C］//中国科学技术协会，浙江省人民政府．面向21世纪的科技进步与社会经济发展（上册）．北京：中国科学技术协会学会学术部，1999：1.

［443］张旸旸．开发式扶贫模式完善进程简析［J］．江苏农村经济，2012（12）：72-73.

［444］张瑶祥．基于三方满意度的高校毕业生就业质量评价研究［J］．中国高教研究，2013（5）：82-86.

［445］张应强，蒋华林．关于地方本科高校转型发展若干问题的思考［J］．现代大学教育，2014（6）：1-8，112.

［446］张勇．小额信贷扶贫的创新研究［D］．北京：中国社会科学院研究生院，2003.

［447］张跃平，周基农．激励制度安排：民族地区扶贫取得成效的关键［J］．中南民族学院学报（人文社会科学版），2002（5）：97-99.

［448］张志豪．因地制宜　开拓创新——江西移民扶贫模式的特点［J］．老区建设，2004（7）：7-8.

［449］张志良，张涛，张勃，方创林．开发性扶贫移民安置模式［J］．中国人口科学，1997（3）：47-52.

［450］赵昌文，郭晓鸣．贫困地区扶贫模式：比较与选择［J］．中国农村观察，2000（6）：65-71，79.

［451］赵红霞，王文凤．致贫理论视阈下我国教育精准扶贫的路径探讨——基于国外经验的思考［J］．山西师大学报（社会科学版），2019（2）：93-97.

［452］赵怀琼，杨敬东．六安市旅游扶贫的政府驱动模式［J］．襄樊学院学报，2005（5）：73-75.

［453］赵景欣，刘霞，申继亮．留守青少年的社会支持网络与其抑郁、孤独之间的关系——基于变量中心和个体中心的视角［J］．心理发展与教育，2008（1）：36-42.

[454] 赵景欣, 申继亮, 刘霞. 留守青少年的社会支持网络与其自尊、交往主动性之间的关系——基于变量中心和个体中心的视角 [J]. 心理科学, 2008 (4): 827-831.

[455] 赵君, 蔡翔, 赵书松. 农村小微企业集群的基本特征、发展因素与管理策略 [J]. 农业经济问题, 2015, 36 (1): 73-78.

[456] 赵兰, 唐娟, 李科生. 留守未成年犯攻击性与社会支持、家庭亲密度和适应性的相关研究 [J]. 中国临床心理学杂志, 2011, 19 (6): 790-791.

[457] 赵丽苑. 农村留守儿童感恩教育研究 [J]. 甘肃教育, 2019 (3): 25.

[458] 赵利梅. 中国和孟加拉国小额信贷模式比较 [J]. 农村经济, 2004 (S1): 143-144.

[459] 赵伦, 李丹妮, 苟文峰. 扶贫模式变迁视域下旅游扶贫的机制演化 [J]. 开发研究, 2017 (2): 30-34.

[460] 赵向豪, 陈彤. 中国民族地区功能农业产业扶贫模式研究 [J]. 农业经济与管理, 2018 (5): 40-47.

[461] 赵璇. 基于合作博弈的产学研联盟收益分配问题研究 [J]. 技术经济与管理研究, 2017 (3): 28-31.

[462] 赵祖斌. 农村留守青少年犯罪的原因与预防 [J]. 湖南警察学院学报, 2017, 29 (3): 18-24.

[463] 浙江扶贫"动人"模式值得借鉴 [J]. 领导决策信息, 2004 (19): 23.

[464] 郑庆顺. 高等院校服务农村扶贫工作的综合评价体系构建——以高等农业院校服务广东扶贫为例 [J]. 广东农业科学, 2012, 39 (16): 206-209.

[465] 郑荣琦. 乡村扶贫模式的反思及未来政策选择 [J]. 中州学刊, 1999 (5): 19-22.

[466] 职晓晓. 基于旅游扶贫模式的陕西省古镇旅游开发研究 [J]. 小城镇建设, 2009 (12): 100-104.

[467] 中共息烽县委党校课题组, 苏艾, 高元富. 贵阳市农村扶贫开发模式研究 [J]. 贵阳市委党校学报, 2007 (3): 35-38.

[468] 中国农业银行山东泰安市分行课题组. 金融精准扶贫现状与思考——以山东泰安市为例 [J]. 农村金融研究, 2017 (5): 24-28.

[469] 中国人民银行兰州中心支行课题组, 姜再勇. 金融扶贫效果实证分析——基于甘肃省58个国定贫困县的系统GMM估计 [J]. 金融发展评论, 2016 (12): 112-131.

[470] 钟秉林. 人才培养模式改革是高等学校内涵建设的核心 [J]. 高等教育研究, 2013, 34 (11): 71-76.

[471] 钟诚, 罗小凤. 福建省农村电商扶贫模式的构建及对策思考 [J]. 台湾农业探索, 2018 (4): 61-65.

[472] 钟戡. 关于扶贫与计划生育相结合的经济人口协调发展模式的问题 [J]. 南京人口管理干部学院学报, 1994 (1): 4-6, 10.

[473] 钟云华, 罗茜. 大学生创业能力的影响因素及提升路径 [J]. 现代教育管理, 2016 (3): 124-128.

[474] 钟云华, 吴立保, 夏姣. 大学生创业意愿的影响因素及其激发对策分析 [J]. 高教探索, 2016 (2): 86-90.

[475] 周春燕, 吕紫嫣, 邢海燕, 于伟, 陈洋, 钱沁清. 留守儿童生存质量、社会支持、家庭教养方式及其相关性研究 [J]. 中国妇幼保健, 2019, 34 (4): 887-890.

[476] 周福林, 段成荣. 留守儿童研究综述 [J]. 人口学刊, 2006 (3): 60-65.

[477] 周国芳, 张菁, 于金. 技能扶贫 山东技工院校在行动——山东省出

台技工院校服务扶贫攻坚工作行动计划[J].中国培训,2018(8):10.

[478] 周海燕.国内外精准扶贫研究:现状、特点与趋势[J].山东农业大学学报(社会科学版),2018,20(3):25-34,151.

[479] 周奎.高职校优化"教育扶贫"路径的探索与实践[J].机械职业教育,2019(1):17-19.

[480] 周瑞超.综合性扶贫效果评价指标体系与模型研究[D].南宁:广西大学,2003.

[481] 周玉梅.旅游扶贫建设松原新农村[J].科技咨询导报,2007(27):184.

[482] 周宗奎,孙晓军,刘亚,周东明.农村留守儿童心理发展与教育问题[J].北京师范大学学报(社会科学版),2005(1):71-79.

[483] 朱彪."互联网+"背景下农村小微企业发展研究[J].现代商贸工业,2016,37(28):6-7.

[484] 朱朝健.贵州省农业企业扶贫开发效果评价研究——以印江县为例[J].当代经济,2017(36):66-67.

[485] 朱德全."双证式"教育扶贫振兴行动研究[J].中国教育学刊,2005(11):22-25.

[486] 朱菲菲,由由,丁小浩.大学生自主创业及高校实践工作现状的调查分析[J].教育学术月刊,2017(1):76-83.

[487] 朱国玮,黄珺.大学生就业能力影响因素研究[J].教育研究,2011,32(8):64-68.

[488] 朱建华.金融扶贫视角下欠发达地区农业产业化发展研究——以贵州省为例[J].农村经济与科技,2015,26(12):130-132,110.

[489] 朱林珍,张爱国,胡炜霞.旅游扶贫开发模式研究——以山东聊城市为例[J].山西师范大学学报(自然科学版),2017,31(2):125-128.

[490] 朱勤. 《法律援助助力精准扶贫报告》发布 中彩金项目近5年办结农民工案件近16万件 挽回百亿元损失 [J]. 中国社会组织, 2019 (1): 36.

[491] 朱瑞, 杨丽. 资源贫乏的少数民族山区建立扶贫新机制的思路 [J]. 思想战线, 2000 (5): 28-30.

[492] 朱政潭, 孔微巍. 黑龙江省精准扶贫调查报告——以教育扶贫为视角 [J]. 商业经济, 2019 (1): 16-17.

[493] 祝军, 岳昌君. 家庭背景、人力资本对高校毕业生自主创业行为的影响关系研究——基于2017年高校毕业生就业状况调查的实证分析 [J]. 中国青年研究, 2019 (1): 107-113.

[494] 祝坤, 方奕. 我国大学生就业瓶颈及解困路径分析 [J]. 中国青年研究, 2012 (12): 73-77, 95.

[495] 卓健敏. 广东省"双到"扶贫开发研究 [D]. 广州: 仲恺农业工程学院, 2013.

[496] 宗地文. 论企业参与扶贫 [J]. 中国民营科技与经济, 1996 (3): 40-42.

[497] 邹晓明. 浅谈能人扶贫模式 [J]. 老区建设, 1996 (12): 38.

[498] 左晶晶, 谢晋宇. 社会网络结构与创业绩效——基于270名科技型大学生创业者的问卷调查 [J]. 研究与发展管理, 2013, 25 (3): 64-73.

[499] 左利华. 留守青少年自立人格特点及其与家庭环境、自我效能的关系研究 [D]. 曲阜: 曲阜师范大学, 2010.

[500] 朱新文, 吴伟萍, 林雪. "互联网+"时代下大学生社会实践能力提升路径研究 [J]. 科学大众 (科学教育), 2019 (03): 140-141.

[501] 李妮. 社会实践在大学生思想政治教育工作中的作用 [J]. 法制博览, 2019 (06): 290+289.

[502] 思远. 大学生社会实践活动中立德树人价值研究 [J]. 才智, 2019

(04): 110.

[503] 宋薇. 基于应用型专业创新能力提升的大学生社会实践研究[J]. 安徽科技, 2019 (01): 42-44.

[504] 王庆华, 孙雯雯, 栾树荣, 唐永云, 生尊, 杨新芳. 在校大学生参加社会实践意愿的影响因素分析[J]. 卫生职业教育, 2019, 37 (02): 121-123.

[505] 林雯婷, 陈曼娴, 肖华, 唐佳佳, 宋希. 大学生暑假社会实践的有效性研究——以广东白云学院本科生为例[J]. 科技风, 2018 (13): 203.

[506] 黄俊鹏. 大学生社会实践活动机制构建探究[J]. 学校党建与思想教育, 2018 (06): 63-64+72.

[507] 马若龙, 王忻, 李柱. 新媒体时代大学生社会实践创新研究[J]. 科教文汇（上旬刊）, 2018 (03): 137-138.

[508] 呼和, 齐斯琴. 试论大学生社会实践有效激励机制的构建[J]. 学校党建与思想教育, 2018 (03): 73-76.

[509] 周慧苏. 应用型本科大学生社会实践中的问题及解决对策[J]. 人力资源管理, 2018 (02): 173-174.

[510] 文大稷. 改革开放以来大学生实践教育的基本经验探究[J]. 思想教育研究, 2018 (01): 139-143.

[511] 胡靖. 大学生社会实践的历程、价值意蕴与发展趋向[J]. 思想理论教育, 2018 (01): 107-111.

[512] 李保强. 大学生社会实践活动不能"走形式"[J]. 人民论坛, 2018 (01): 112-113.

[513] 马振清. 警惕"变质"的大学生社会实践[J]. 人民论坛, 2018 (01): 110-111.

[514] 汪婕, 秦枫. 大学生社会实践活动的实效性思考[J]. 高校辅导员学刊, 2017, 9 (05): 27-30.

[515] 王方语. 关于做好大学生暑期社会实践工作的思考 [J]. 决策探索（下半月），2017（08）：70.

[516] 陈彦. 新常态下大学生社会实践和志愿服务育人功能实现路径的创新研究 [J]. 科教文汇（中旬刊），2017（06）：136-137.

[517] 张洁伊，张继东. 面向"互联网+"的大学生社会实践创新研究——以医学生社会实践为例 [J]. 湖北工业大学学报，2017，32（03）：25-28.

[518] 黄汉记，刘鑫鑫. 大学生志愿者暑期"三下乡"关爱农村"留守儿童"社会实践活动对策分析 [J]. 乡村科技，2017（16）：24-26.

[519] 焦昆. 大学生社会实践服务脱贫攻坚常态化路径研究——以河北农业大学为例 [J]. 人才资源开发，2017（10）：7-8.

[520] 陈立群. 基于"互联网+"视域的大学生实践教育研究 [D]. 浙江理工大学，2017.

[521] 翁楚歆，曾振宁，苏铭. 精准扶贫视野下大学生"三下乡"社会实践活动实效性研究 [J]. 科技风，2017（05）：256+261.

[522] 张智慧. 大学生参与社会实践现状调查研究——以安徽农业大学为例 [J]. 当代经济，2017（01）：102-104.

[523] 黄郁健. 高校大学生社会实践常态化机制构建探索 [J]. 中国校外教育，2016（33）：67-68.

[524] 武剑英. 大学生社会实践活动实效性研究 [D]. 河北师范大学，2016.

[525] 周家吉. 强化社会实践对大学生社会主义核心价值观培育作用的思考 [J]. 湖北师范学院学报（哲学社会科学版），2016，36（03）：150-153.

[526] 叶雪琳，卢咏. 大学生"三下乡"社会实践的探索与思考 [J]. 赤峰学院学报（自然科学版），2016，32（10）：216-217.

[527] 姚建军，师蔷薇. 大学生社会实践存在的问题及破解思路 [J]. 思

想理论教育导刊, 2016 (03): 147-149.

[528] 连鑫. 暑期社会实践的迷失——对大学生暑期实践活动现状的思考 [J]. 教育现代化, 2016, 3 (03): 240-242.

[529] 杨国辉, 李田. 困境与超越: 大学生社会实践制度化的方向 [J]. 思想政治教育研究, 2015, 31 (06): 128-131.

[530] 焦敏, 黄德林. 基于社会实践视角的大学生社会主义核心价值观培育研究 [J]. 学校党建与思想教育, 2015 (10): 39-40.

[531] 余光辉, 王欣, 张勇. 大学生社会实践能力培养的现状与对策研究 [J]. 教育教学论坛, 2015 (20): 27-28.

[532] 肖述剑. 关于改进大学生社会实践评价的几点思考 [J]. 理论观察, 2015 (02): 140-142.

[533] 金瑶, 陈华洲. 论社会实践与大学生社会主义核心价值观教育 [J]. 河北民族师范学院学报, 2014, 34 (04): 101-104.

[534] 常海亮. 大学生暑期社会实践育人功能发挥的现状及对策研究 [D]. 华中农业大学, 2014.

[535] 张宏亮, 柯柏玲. 大学生社会实践存在的主要问题及对策分析 [J]. 思想政治教育研究, 2014, 30 (02): 134-136.

[536] 王左丹. 大学生暑期社会实践长效机制构建探析 [J]. 思想教育研究, 2014 (03): 83-86.

[537] 汪淑娟. 大学生社会实践实效性研究 [D]. 吉首大学, 2013.

[538] 李晶. 社会实践活动与大学生就业能力的培养 [D]. 南京大学, 2013.

[539] 徐国庆. 大学生社会实践的路径研究 [D]. 东北林业大学, 2013.

[540] 李杰. 大学生社会实践创新研究 [D]. 重庆理工大学, 2013.

[541] 于晓萍, 刘素红, 朱以财. 大学生社会实践育人实效性与发展路径研究 [J]. 内蒙古师范大学学报 (教育科学版), 2013, 26 (03): 85-88.

[542] 周彩姣，林寒．大学生社会实践活动现状调查与完善策略［J］．高等教育研究，2012，33（09）：74－79．

[543] 汤耀平，陈超．构建大学生社会实践活动的长效机制［J］．中国高等教育，2012（17）：37－39．

[544] 黄波．关于提升大学生社会实践能力的思考［J］．沈阳大学学报（社会科学版），2012，14（02）：54－56．

[545] 简赟赟．我国大学生社会实践中的问题与对策研究［D］．湖北大学，2012．

[546] 陈爱民．论大学生社会实践激励机制的构建［J］．广西社会科学，2012（03）：179－181．

[547] 李禄．中外大学生社会实践活动比较研究［D］．东北石油大学，2012．

[548] 顾国盛．当前大学生社会实践中存在的问题及对策［J］．学术探索，2012（03）：173－175．

[549] 邓卓明，姜华．社会实践在推进大学生社会主义核心价值体系教育中的作用［J］．思想理论教育导刊，2011（12）：99－102．

[550] 孙莉，孙静，吴澍．以社会实践为载体培养大学生社会责任感［J］．辽宁行政学院学报，2011，13（07）：111－112．

[551] 孙楚航．创新大学生社会实践模式的一种尝试——开展大学生"三进三同"社会实践的探索与思考［J］．思想理论教育导刊，2011（04）：89－92．

[552] 曹雪亚，葛雪益．大学生暑期社会实践评价体系的现状分析及构建研究［J］．科教文汇（下旬刊），2011（03）：30－32．

[553] 刘韧，易厚，贺宗彦．大学生社会实践工作问题与对策［J］．四川理工学院学报（社会科学版），2011，26（01）：85－87．

[554] 梅丽君．社会实践对当代大学生就业能力的促进作用［J］．中国校

外教育,2011 (02): 9+22.

[555] 高惠娟. 大学生社会实践的实效性和发展路径研究 [J]. 徐州师范大学学报(哲学社会科学版), 2010, 36 (06): 134-137.

[556] 邵朋来. 新时期大学生社会实践活动问题分析与对策建议 [J]. 山东省青年管理干部学院学报, 2010 (06): 62-64.

[557] 龚涛, 徐建军. 深化大学生社会实践的思考 [J]. 现代大学教育, 2010 (04): 87-90+113.

[558] 袁金祥. 大学生社会实践育人功能的偏失与匡正 [J]. 现代教育科学, 2010 (07): 120-122.

[559] 刘同国. 大学生社会实践活动现状与发展研究 [D]. 山东师范大学, 2010.

[560] 曹银忠, 胡树祥. 新中国成立以来大学生社会实践活动的回顾与展望 [J]. 思想理论教育导刊, 2010 (05): 84-88.

[561] 杨国辉. 大学生社会实践与创新人才培养 [J]. 教育评论, 2010 (02): 34-36.

[562] 郝丽丽, 宋岩, 蔡慧慧. 浅谈大学生社会实践活动的项目化管理 [J]. 中国环境管理干部学院学报, 2010, 20 (02): 81-83.

[563] 陈立力. 大学生社会实践评价指标体系与评价方法研究 [J]. 中国青年政治学院学报, 2010, 29 (02): 27-32.

[564] 吕富媛, 吕富彪. 增强大学生社会实践实效性的路径研究 [J]. 国家教育行政学院学报, 2010 (03): 49-52.

[565] 杨继瑞. 关于加强大学生社会实践活动的思考 [J]. 高校理论战线, 2010 (02): 49-53.

参考网址

[1] 国务院扶贫开发领导小组办公室：http：//www.cpad.gov.cn/index.html

[2] 中国扶贫在线：http：//f.china.com.cn/

[3] 中华人民共和国中央人民政府：http：//www.gov.cn/index.htm

[4] 山东省扶贫开发领导小组办公室：http：//www.sdfp.gov.cn/

[5] 山东省人民政府：http：//www.shandong.gov.cn/

[6] 中国扶贫研究网：http：//cprr.cssn.cn/

[7] 新华网：http：//www.xinhuanet.com/

[8] 人民网：http：//www.people.com.cn/

[9] 央视网：http：//www.cctv.com/

[10] 中国网：http：//www.china.com.cn/

[11] 国家统计局：http：//www.stats.gov.cn/

[12] 共青团中央：http：//www.ccyl.org.cn/

[13] 中国知网：http：//www.cnki.net/

[14] 阿里研究院：http：//www.aliresearch.com/

[15] 百度文库：https：//wenku.baidu.com/

[16] 中青网：http：//www.youth.cn/

[17] 新浪网:https://www.sina.com.cn/

[18] 搜狐网:http://www.sohu.com/

[19] 凤凰网:http://www.ifeng.com/

[20] 山东管理学院:http://www.sdmu.edu.cn/

附录1　笔者参与扶贫实践部分成果

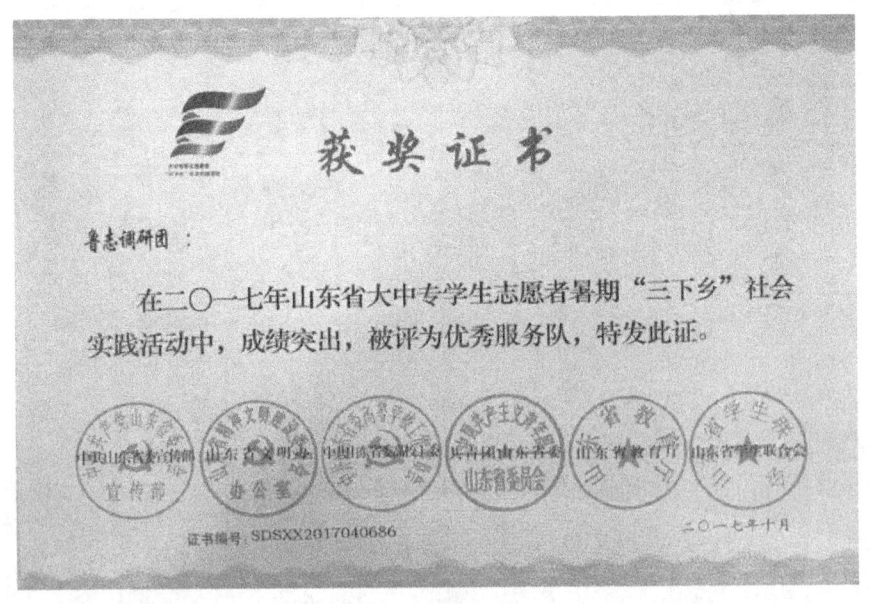

附录1　笔者参与扶贫实践部分成果

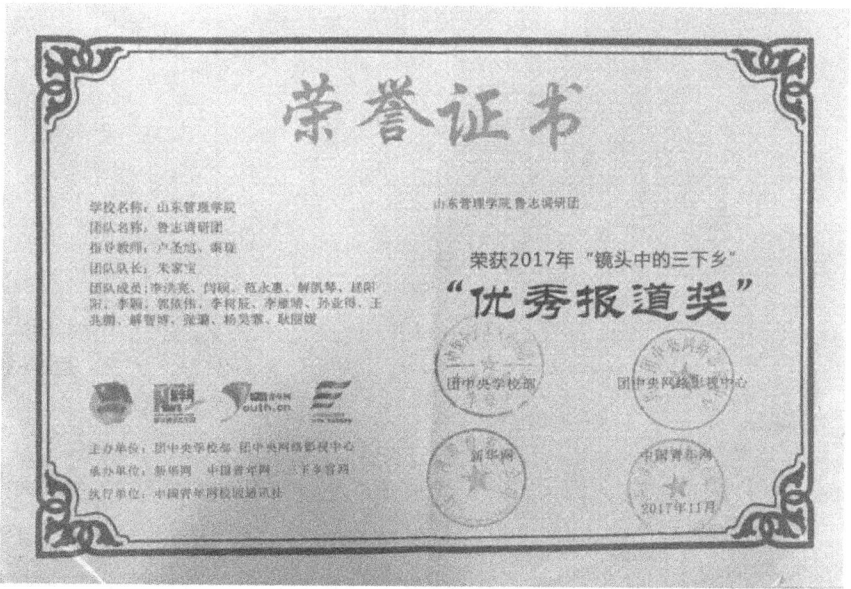

大学生助力农村小微企业成长的扶贫路径研究

附录2　大学生社会实践意愿及影响因素调查问卷

大学生社会实践意愿及影响因素调查问卷

同学，您好，我们正在进行一项关于大学生社会实践意愿及影响因素的调查，需要占用您大约2分钟时间填写问卷。本次调查采取匿名形式，问卷结果对您的学习生活没有任何影响，仅用于撰写专著和学术研究。请坦率和自由地表达您的观点，由衷感谢！

1. 您的性别［单选题］*

　○男　　　　　○女

2. 您的学历层次［单选题］*

　○专科　　　　○本科

3. 您现在所在的年级［单选题］*

　○大一　　　○大二　　　○大三　　　○大四

4. 您来自于? ［单选题］ *

○A. 农村　　　　○B. 城市

5. 您的学习成绩在班里的排名如何? ［单选题］ *

○中上　　　　○中下

6. 以下哪个是您最想参加的社会实践形式? ［单选题］ *

○学校组织　　　○兼职打工　　　○"三下乡"活动

○社会志愿活动　　○乡村及偏远地区支教　　○其他社会实践

7. 您平均每次的社会实践时间是多久? ［单选题］ *

○1～7天　　　○8～15天　　　○16～30天

8. 您所做的社会实践是否与您的专业相关? ［单选题］ *

○完全相关　　　○基本相关　　　○完全无关

9. 您对您所做的社会实践成果满意吗? ［单选题］ *

○十分满意　　　○满意　　　○无感　　　○不满意

○非常不满意

10. 您参加社会实践的目的? ［多选题］ *

□增加社会经验，锻炼能力

□巩固专业课所学知识

□有益于社会

□为就业做准备

□减轻家庭负担或自己挣生活费

□增长见识，认识更多的朋友或了解更多的事物，开阔视野

□其他

11. 您最想在社会实践中学到哪些内容? ［多选题］ *

□深入了解社会

□增加工作经验

☐巩固专业知识

☐如何处理人际关系

☐锻炼综合能力

☐其他

12. 您希望的社会实践是有偿的还是无偿的？[单选题] *

○有偿　　　　　○无偿　　　　　○有没有偿都无所谓

13. 您开展社会实践或者进行志愿活动一般以哪种形式开展？[多选题] *

☐班级

☐个人

☐自发组织

☐学校

☐参与机构

14. 您接触到社会实践活动的途径有哪些[多选题] *

☐学校就业中心或学校勤工俭学等校级组织的信息

☐相关网站、APP、微信公众号

☐社团等校内学生组织发布的信息

☐粘贴的海报广告或招聘信息

☐中介机构

☐老师、同学等身边人的介绍

☐其他_____ *

15. 您觉得参加社会实践重要吗？[单选题]

○非常不重要　　○不重要　　　○无所谓　　　　○重要

○非常重要

16. 对待社会实践的态度[单选题] *

○积极，很喜欢参与　○消极，不想参与　○无所谓，仅仅完成任务

17. 暑假社会实践报告您是如何完成的？［单选题］＊

○ 网上粘贴复制　　○ 根据自己的实践经历填写

18. 您认为大学生社会实践活动主要面临的困难是什么？［多选题］＊

□ 联系实践单位困难

□ 组织实践团队困难

□ 政策保障不力

□ 确定实践项目困难

□ 资金投入不足

□ 其他_____＊

19. 您认为当前高校的社会实践活动中存在着什么问题？［多选题］＊

□ 参与度不高

□ 组织开展缺乏规范性

□ 活动内容意义不大

□ 支持措施较为缺乏

□ 其他_____＊

20. 您认为学校在组织社会实践过程中有什么问题？［多选题］＊

□ 向学生宣传力度不够

□ 学生实践过程中没有专业老师指导

□ 与专业课程衔接不够

□ 实践效果有待提高

□ 其他_____＊

21. 请根据您的真实情况来进行选择：1——＞5：表示非常不满意——＞非常满意［矩阵单选题］＊

附录 2　大学生社会实践意愿及影响因素调查问卷

	1	2	3	4	5
学校组织的社会实践方式	○	○	○	○	○
学校所提供的社会实践活动数量	○	○	○	○	○
学校对学生的社会实践的重视程度	○	○	○	○	○

22. 您对大学生开展社会实践有什么建议？［填空题］

_____